스크래치 마법 레시피 20

저자 한선관(경인교대 미래인재연구소장)
홍희상(경인교대 미래인재연구소, 김포초등학교 교사)
서희정(경인교대 미래인재연구소, 함박초등학교 교사)
김안나(경인교대 미래인재연구소, 양일초등학교 교사)
최무영(경인교대 미래인재연구소, 신산초등학교 교사)
신나리(경인교대 미래인재연구소, 영화초등학교 교사)

BM 성안당
www.cyber.co.kr

스크래치 마법 레시피 20

2015. 9. 2. 1판 1쇄 인쇄
2015. 9. 10. 1판 1쇄 발행

지은이 | 한선관, 홍희상, 서희정, 김안나, 최무영, 신나리
펴낸이 | 이종춘
펴낸곳 | BM 성안당

주소 | 121-838 서울시 마포구 양화로 127 첨단빌딩 5층(출판기획 R&D 센터)
     413-120 경기도 파주시 문발로 112(제작 및 물류)

전화 | 02) 3142-0036
     031) 950-6300
팩스 | 031) 955-0510
등록 | 1973.2.1 제13-12호
출판사 홈페이지 | www.cyber.co.kr
ISBN | 978-89-315-5383-3 (13000)
정가 | 12,000원

이 책을 만든 사람들
책임 | 최옥현
편집 | 조혜란
교정 | 안종군
본문 · 표지 디자인 | 앤미디어
홍보 | 전지혜
국제부 | 이선민, 조혜란, 신미성, 김필호
마케팅 | 구본철, 차정욱, 나진호, 이동후, 강호묵
제작 | 김유석

스크래치 마법 레시피 20

저자 한선관(경인교대 미래인재연구소장)
홍희상(경인교대 미래인재연구소, 김포초등학교 교사)
서희정(경인교대 미래인재연구소, 함박초등학교 교사)
김안나(경인교대 미래인재연구소, 양일초등학교 교사)
최무영(경인교대 미래인재연구소, 신산초등학교 교사)
신나리(경인교대 미래인재연구소, 영화초등학교 교사)

BM 성안당
www.cyber.co.kr

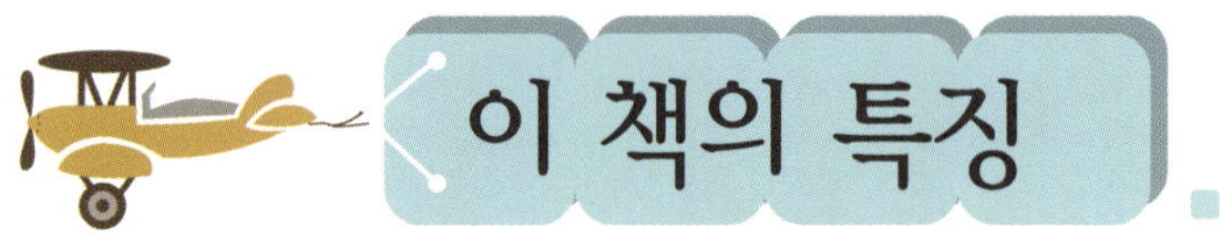

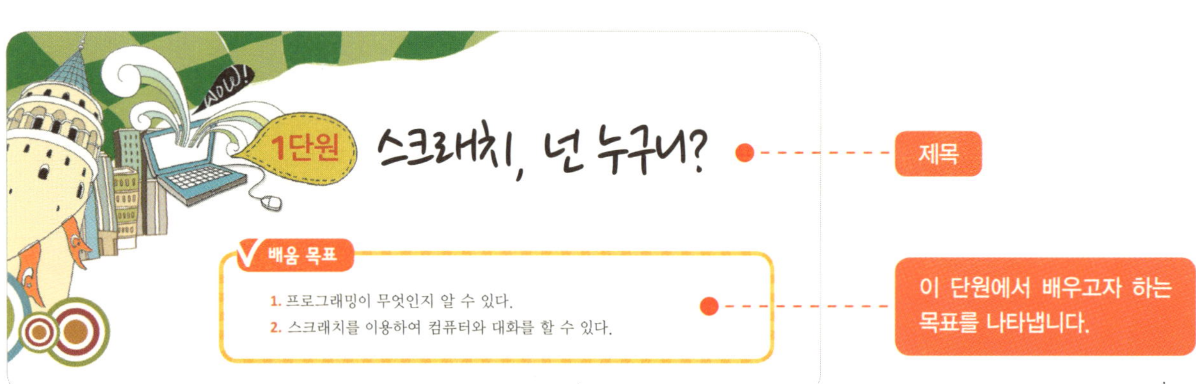

제목

이 단원에서 배우고자 하는
목표를 나타냅니다.

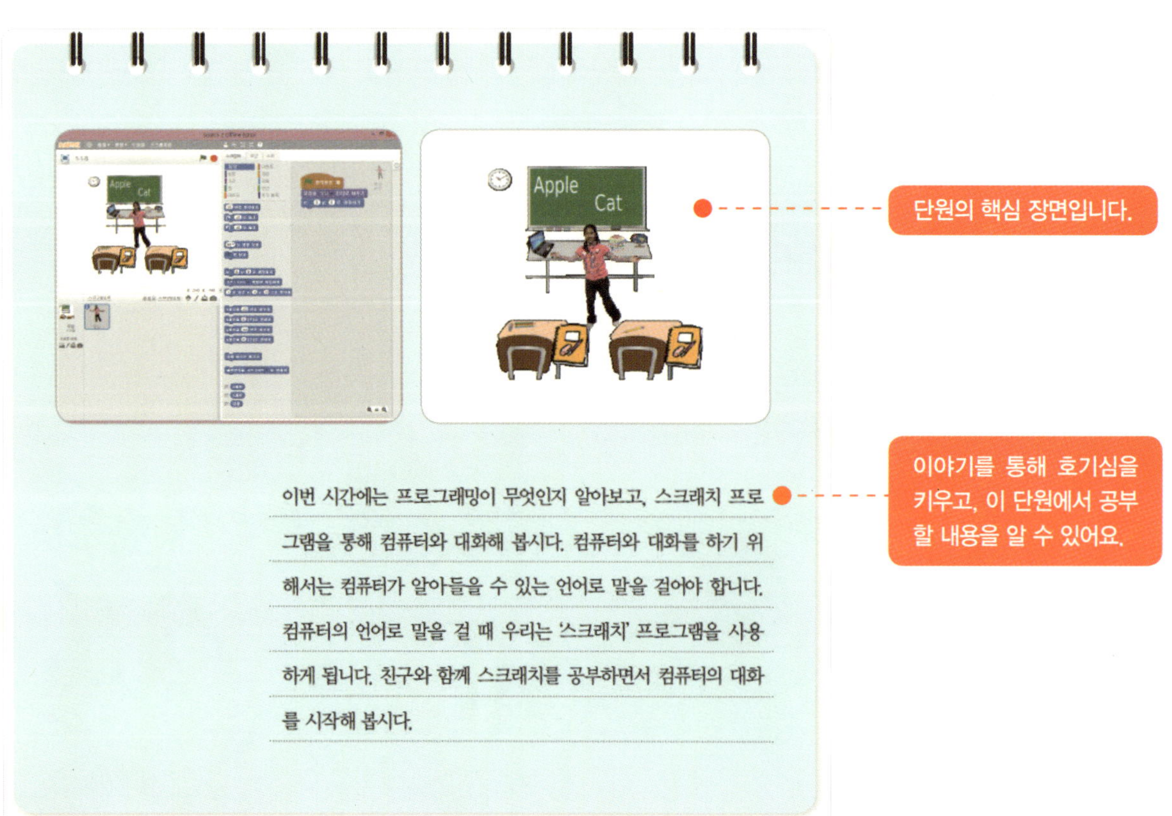

단원의 핵심 장면입니다.

이번 시간에는 프로그래밍이 무엇인지 알아보고, 스크래치 프로그램을 통해 컴퓨터와 대화해 봅시다. 컴퓨터와 대화를 하기 위해서는 컴퓨터가 알아들을 수 있는 언어로 말을 걸어야 합니다. 컴퓨터의 언어로 말을 걸 때 우리는 '스크래치' 프로그램을 사용하게 됩니다. 친구와 함께 스크래치를 공부하면서 컴퓨터의 대화를 시작해 봅시다.

이야기를 통해 호기심을
키우고, 이 단원에서 공부
할 내용을 알 수 있어요.

컴퓨터 없이 스크래치 프로그래밍을 이해해 보아요!
스크래치 기능을 쉽게 이해할 수 있도록 게임이나 체험 형식으로 제작하였습니다.
직접 활동하며 의미를 찾아보도록 합시다.

컴퓨터 없이 활동하기 • 경험해 보기

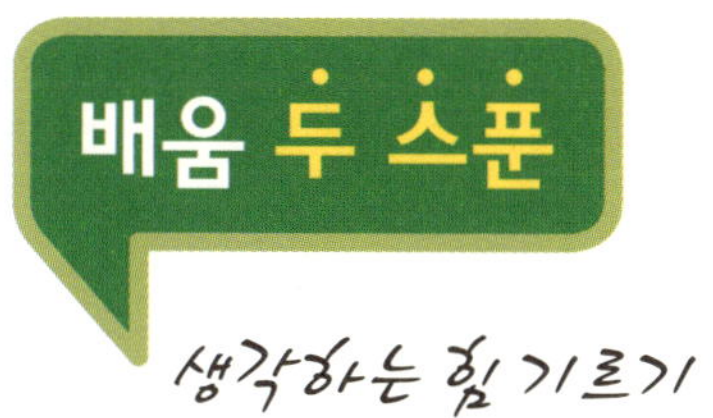

다양한 활동으로 생각하는 힘(미래 사고력)을 키워 보아요!
스크래치를 배움으로써 순차적으로 생각하며 합리적인 사고를 할 수 있는 능력을
기를 수 있습니다. 조금 어렵더라도 질문에 답하며 사고력을 키워봅시다.

생각하는 힘 기르기

여러분의 프로그램을 디자인하고 만들어 보아요!
학생용으로 제작된 프로그램을 실행시켜 비어있는 부분을 스스로 생각하고 완성하
여 봅시다. 여러분의 생각에 따라 서로 다른 프로그램이 완성될 수 있습니다. 또한
교사용은 수업을 진행하실 때 참고적으로 활용 가능합니다.

컴퓨터로 활동하기 • 더 나아가기

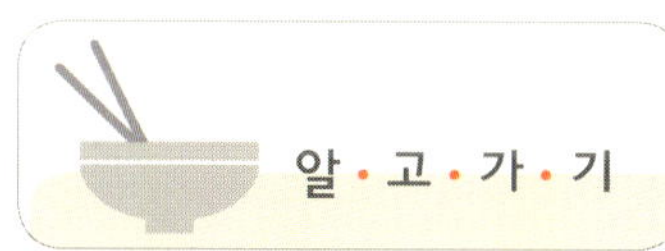

여러분들의 미래사고력을 키우도록 도와줄 거예요!

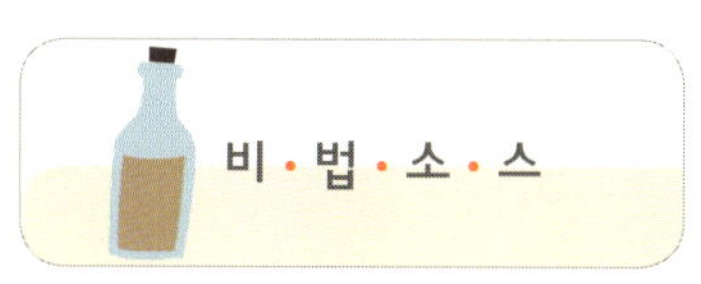

스크래치로 프로그램을 디자인할 때, 여러분들을 도와줄 거예요!

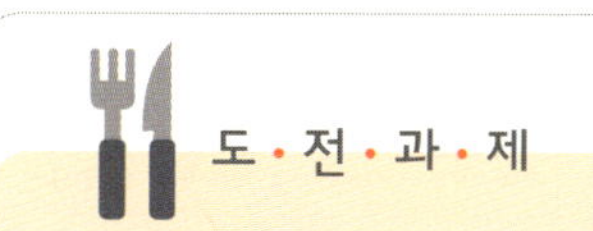

배운 것을 응용하고 발전시켜 보아요!

목차 CONTENTS

스크래치 2.0 버전 내려 받는 방법

지금부터 이 책에서 사용될 스크래치 2.0 버전을 내려 받는 방법을 안내해드립니다.

STEP 1 스크래치 홈페이지에 접속합니다.
스크래치 홈페이지 주소는
http://scratch.mit.edu입니다.

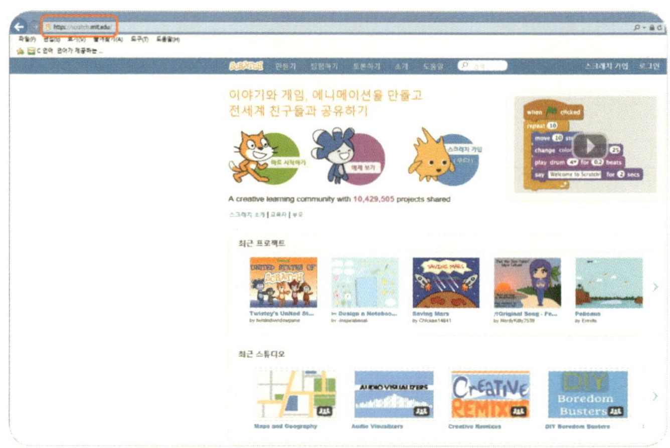

STEP 2 화면 상단 메뉴에서 도움말을 클릭
합니다.

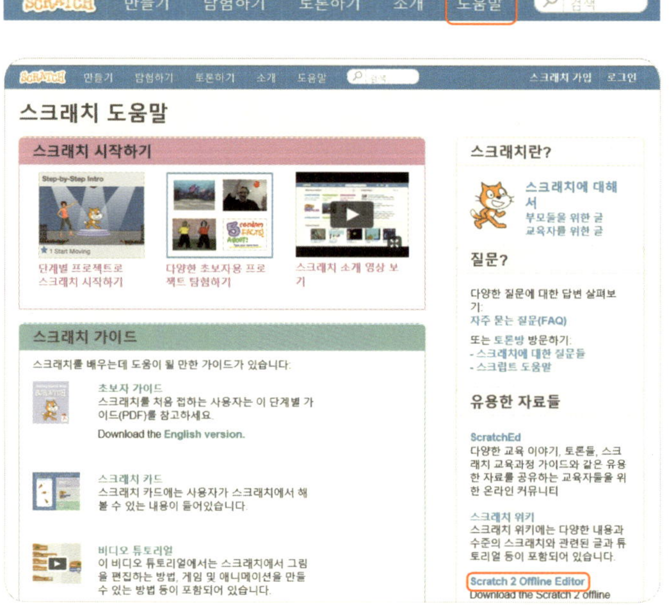

유용한 자료들 목록에 있는 Scratch 2 Offline Editor 를 선택합니다.

어도비 에어(Adobe AIR)를 먼저 여러분이 사용하고 있는 컴퓨터의 운영체제에 맞는 버전으로 내려 받기(Download(다운로드) 부분을 클릭) 합니다.

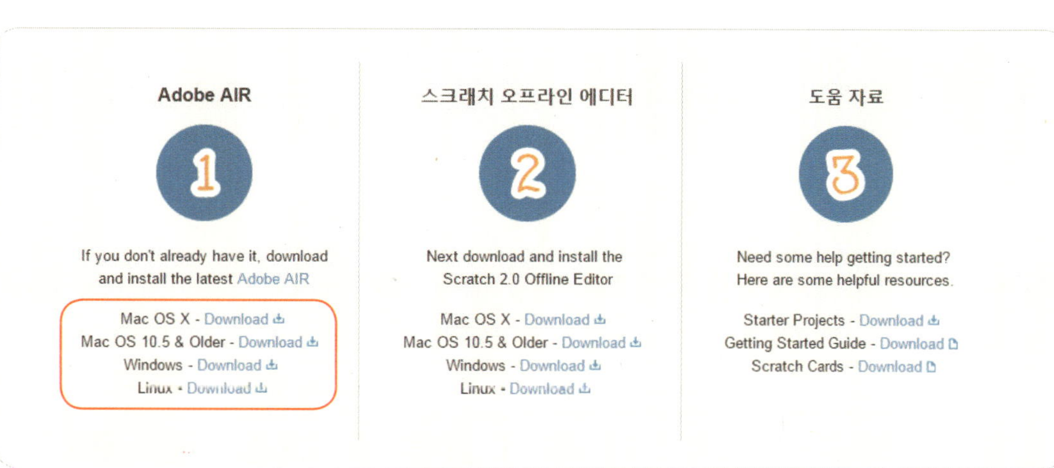

여러분의 운영체제에 맞는 스크래치 프로그램을 내려받습니다.

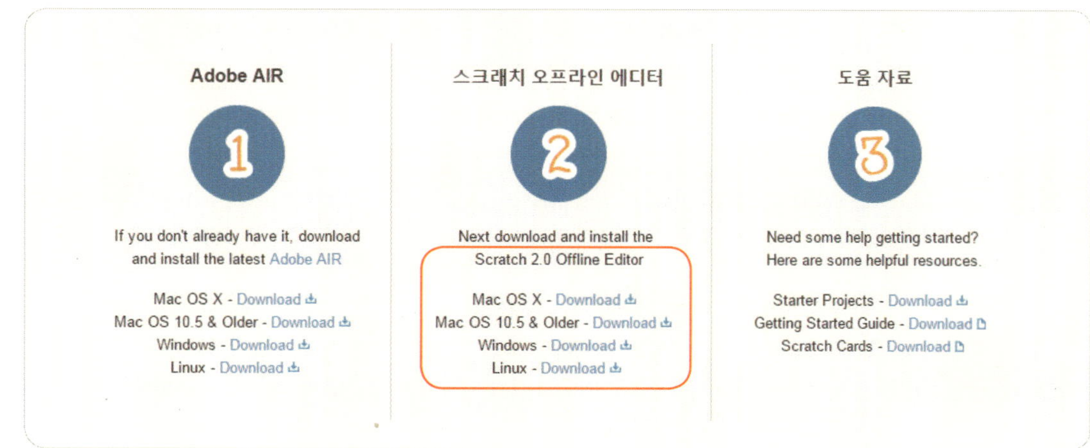

안녕, 스크래치!

1단원 스크래치, 넌 누구니?

1. 프로그래밍이 무엇인지 알 수 있다.
2. 스크래치를 이용하여 컴퓨터와 대화를 할 수 있다.

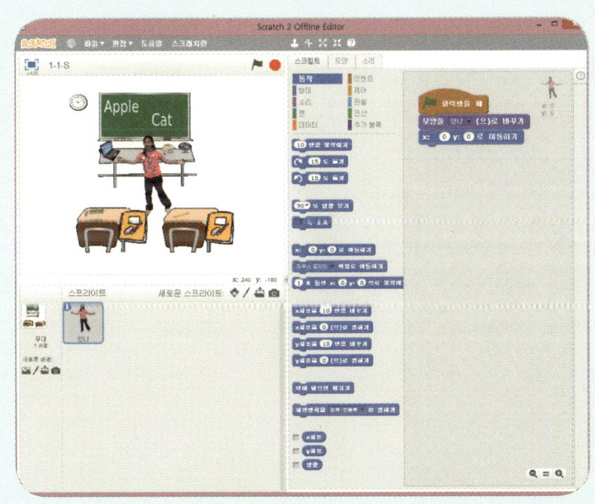

이번 시간에는 프로그래밍이 무엇인지 알아보고, 스크래치 프로그램을 통해 컴퓨터와 대화해 봅시다. 컴퓨터와 대화를 하기 위해서는 컴퓨터가 알아들을 수 있는 언어로 말을 걸어야 합니다. 컴퓨터의 언어로 컴퓨터에게 말을 걸 때 우리는 '스크래치' 프로그램을 사용할 수 있습니다. 친구와 함께 스크래치를 공부하면서 컴퓨터와의 대화를 시작해 봅시다.

배움 한 스푼 — 컴퓨터 없이 활동하기

게임 활동을 통해 프로그래밍을 이해하여 봅시다.

☞ **20초 극장 게임**

시작하기
(1번 카드) 붙이기
(2번 카드) 붙이기
(3번 카드) 붙이기
(4번 카드) 붙이기

- 게임 준비물: 스크래치 카드(부록 2, 117쪽), 초시계

1. 두 명씩 짝을 만듭니다.
2. 한 명은 로봇이 되고, 한 명은 로봇을 조종하는 로봇 박사가 됩니다.
3. 로봇 박사는 스크래치 카드 (부록 2, 117쪽) 중 하나를 골라 로봇에게 보여 줍니다.
4. 로봇은 로봇 박사가 보여 준 카드의 명령대로만 움직일 수 있습니다.
5. 로봇 박사는 보여 준 카드를 옆 칸에 놓고, 다음 카드를 골라 로봇에게 보여 줍니다(반복).
6. 제한 시간은 20초! 20초 안에 성공할 수 있도록 도전해 봅시다.

※ 맨 처음 카드는 언제나 '시작하기'로 시작해야 합니다.

알·고·가·기

이 게임에는 어떤 의미가 있을까요?

① 로봇 박사가 로봇에게 보여 주는 카드가 바로 컴퓨터에게 내리는 명령입니다.

② 로봇 박사가 내리는 명령의 순서 대로 로봇이 움직이는 것처럼 컴퓨터는 순서 대로 명령을 수행하게 됩니다. 명령을 내릴 때는 명령어를 순서 대로 입력해야 합니다.

③ 이렇게 명령어들을 순서 대로 연결하여 프로그램을 만드는 것을 '프로그래밍'이라고 합니다.

생각하는 힘 기르기

퀴즈를 통해 사고력을 길러 봅시다.

1. 20초 극장에서 로봇에게 내렸던 명령을 컴퓨터가 이해할 수 있는 말로 바꾸는 퀴즈입니다.
2. 아래 그림들은 컴퓨터와 대화할 수 있는 스크래치 블록들입니다.
3. 알맞은 스크래치 블록을 골라 연결해 봅시다.

(정답 103쪽)

(   ) 걸음 앞으로 가기 •   • 을(를) ① 초동안 말하기

고양이 소리내기 •   • 180 도 돌기

(   ) 라고 말하기 •   • 클릭했을 때

뒤로 돌기 •   • 10 만큼 움직이기

깃발 흔들기 •   • 나옹 ▼ 재생하기

알 · 고 · 가 · 기

컴퓨터의 언어는 우리와는 조금 달라요

실제 여러분이 사용하는 말과 컴퓨터의 말(언어)은 조금 다릅니다. 단어를 많이 알면 말을 더욱 정확하게 할 수 있는 것처럼 다양한 컴퓨터 언어를 익히면 컴퓨터에게 정확한 명령을 내릴 수 있습니다. 이처럼 조금씩 다른 언어의 차이에 관심을 가져 봅시다.

컴퓨터로 만들어 실행해 봅시다.

1. 스크래치 예제 파일을 열어 봅시다(1-1-S.sb2).
2. 아래에 주어진 스크래치 블록들을 연결해 프로그램을 만들어 봅시다.

 비·법·소·스

① 블록을 실행할 때는 가운데 화면의 블록을 오른쪽 창으로 끌어오면 됩니다.

② 원하는 블록을 아래쪽으로 연결하여 완성합니다.

③ 블록을 시작할 때는 더블클릭하거나 클릭했을 때 를 맨 위에 넣은 후 깃발을 눌러 시작합니다.

 컴퓨터로 만들어 실행해 봅시다.

1. 아래의 예시를 참고하여 배움 한 스푼에서 사용한 스크래치 카드를 컴퓨터로 만들어 봅시다.
2. 연결한 스크래치 카드의 순서 대로 스크래치 블록을 정렬한 후 로봇의 움직임과 스크래치 안에서의 움직임을 비교해 봅시다.

예시

깃발 흔들기

(10) 걸음 앞으로 가기

고양이 흉내내기

(나는 멋있다) 라고 말하기

 도·전·과·제

'클릭되었을 때 "안녕! 반가워~"라고 말하고 다섯 걸음 움직인 후 뒤로 돌아 세 걸음 움직이기' 를 스크래치로 만들어 봅시다(힌트! 블록의 숫자를 변경하여 완성할 수 있습니다).

✔ 배움 목표

1. 좌표의 필요성과 의미를 이해할 수 있다.
2. 좌표를 사용하여 위치를 표현하고 활용할 수 있다.

이번 시간에는 좌표의 필요성과 의미를 알고 좌표를 통해 위치를 표현해 봅시다. 건물의 위치를 설명할 때 주소를 활용하는 것처럼 스크래치 프로그램에서 스프라이트의 위치는 좌표를 통해 표현합니다. 스프라이트의 위치를 찾는 게임을 통해 위치 좌표를 이해하고, 이를 활용한 프로그램을 만들어 봅시다.

배움 한 스푼 ✎ 컴퓨터 없이 활동하기

짝 활동을 통해 좌표를 이해하여 봅시다.

1. 고양이가 어디에 있는지 [그림 1]과 [그림 2]를 이용해 설명하여 봅시다.

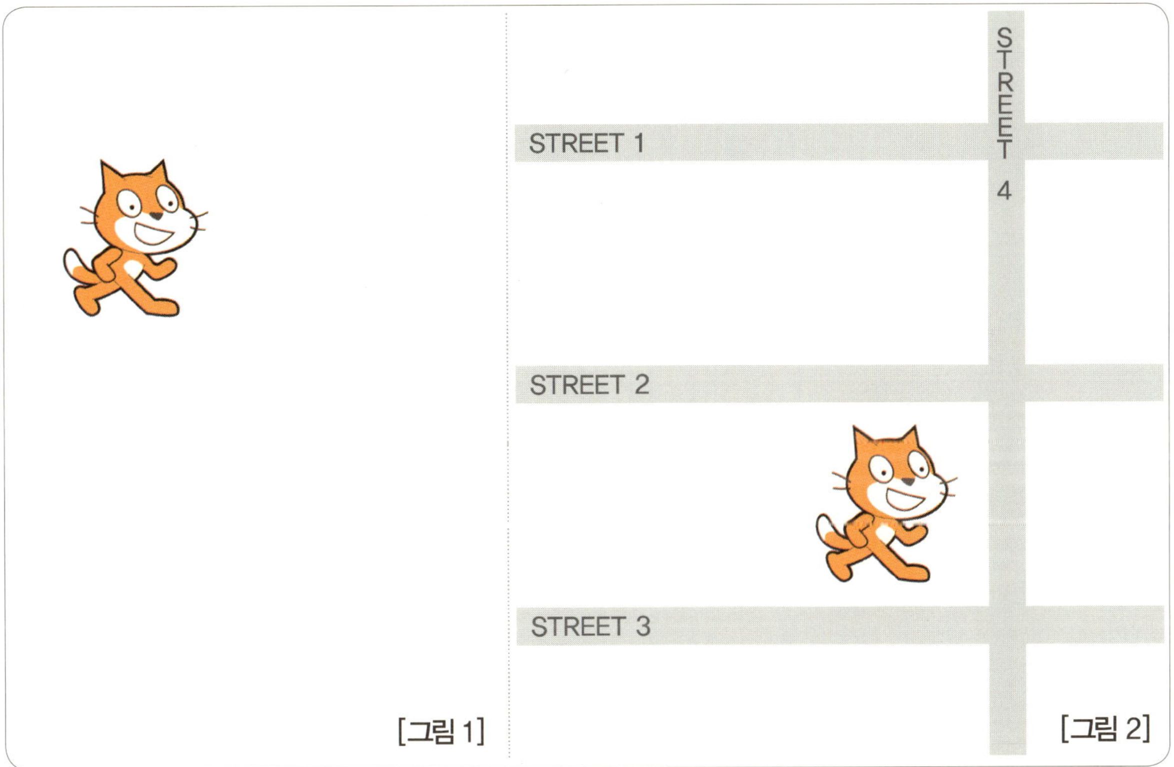

 알 · 고 · 가 · 기

두 그림의 차이는 무엇일까요?

① [그림 1]과 [그림 2] 중 어느 것이 고양이의 위치를 설명하기 쉬운가요?

② 스크래치를 통해 프로그래밍할 때도 스프라이트의 위치를 알면 움직임을 약속하기 쉽고, 다양한 위치를 이용하면 여러 가지 기능을 활용할 수 있습니다.

③ 스크래치 프로그램에서는 스프라이트의 위치를 X, Y좌표로 표시합니다.

X좌표와 Y좌표로 표시하는 방법을 이해해 봅시다.

1. 아래의 점을 보고, 각 점을 표현할 수 있는 방법을 찾아봅시다.
2. 네 개의 점 위치를 X, Y좌표로 친구에게 말해 봅시다.
3. 친구와 비교하며 가장 이해하기 쉬운 방법은 무엇인지에 대한 의견을 나눠 봅시다.

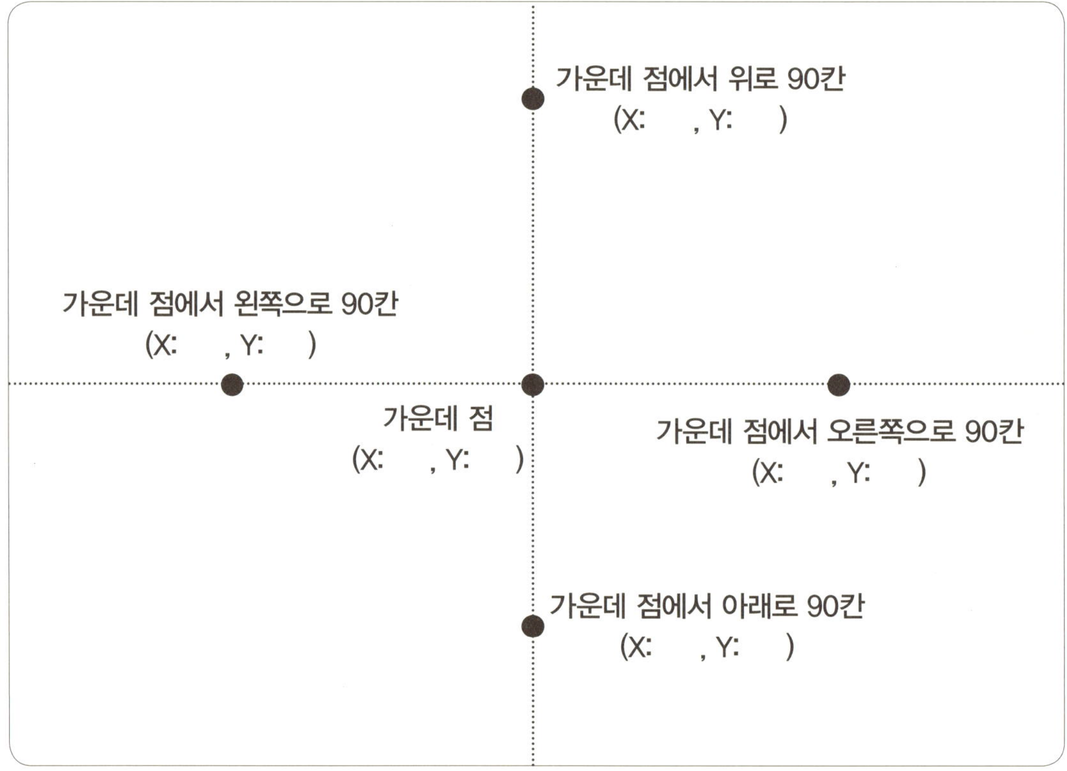

알·고·가·기

화면 안에 찍혀 있는 모든 점을 표현할 수 있어야 해요

가운데 점을 나타내는 방법, 그 밖의 네 개 점을 나타내는 방법을 생각해보고 서로 비교해 봅시다. 선 밖에 있는 점의 위치를 표시하기 위한 방법도 생각해 봅시다.

컴퓨터로 활동하기

 게임을 통해 이해하여 봅시다.

1. 스크래치 예제 파일을 열어 봅시다(2-1-S.sb2).
2. 파일을 실행시킨 후 X, Y축 게임을 통해 스프라이트의 위치를 이해하여 봅시다.

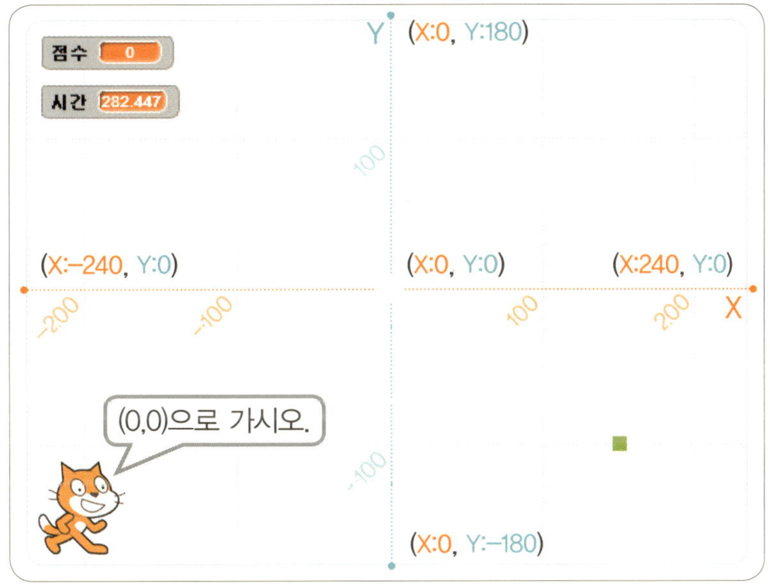

 알·고·가·기

위치는 이렇게 약속해요

① 화면 가운데 점의 위치를 (X:0, Y:0)이라고 약속합니다.

② 화면의 가로축을 'X축', 세로축을 'Y축'이라고 약속합니다.

③ 화면의 오른쪽으로 이동할수록 X축의 값이 증가하며, X축의 값은 최대 '240'입니다.
   화면의 왼쪽으로 이동할수록 X축의 값이 감소하며, X축의 값은 최소 '-240'입니다.

④ 화면의 위쪽으로 이동할수록 Y축의 값이 증가하며, Y축의 값은 최대 '180'입니다.
   화면의 아래쪽으로 이동할수록 Y축의 값이 감소하며, Y축의 값은 최소 '-180'입니다.

컴퓨터로 만들어 실행해 봅시다.

1. 스크래치 예제 파일을 열어 봅시다(2–2–S.sb2).
2. 파일을 실행시킨 후 패스가 정확히 친구의 발끝으로 갈 수 있도록 좌표를 수정해 봅시다.

비·법·소·스

① Space bar 를 누르면 정해진 좌표로 공이 움직입니다.
② 친구의 발 위치는 마우스를 움직여 친구의 발에 가져다 놓으면 화면 오른쪽 아래에서 좌표를 확인할 수 있습니다.
③ 좌표를 수정한 후 Space bar 를 누르면 친구의 발에 정확히 패스할 수 있습니다.

도·전·과·제

공이 내가 지정한 위치를 세 군데 이상 도착했다가 되돌아오는 마법의 슛을 완성해 봅시다.

스크래치 맛보기 ①

말하는 대로? 말하는 대로!

이번 시간에는 동작 블록의 기능을 알고 활용해 봅시다. 동작 블록은 스프라이트의 움직임과 관련이 있습니다. 스프라이트를 움직일 때 사용하는 블록의 기능을 이해하고 정확하게 사용해 봅시다. 여러분들이 직접 스프라이트를 움직이는 데 사용할 블록을 찾을 수 있다면 더욱 즐거운 프로그램을 만들 수 있겠죠?

컴퓨터 없이 활동하기

 게임 활동을 통해 프로그래밍을 이해하여 봅시다.

☞ 초콜릿을 잡아라! 게임

1. 두 명씩 짝을 만듭니다.
2. 한 명은 로봇이 되고, 한 명은 로봇을 조종하는 로봇 박사가 됩니다.
3. 로봇 박사는 초콜릿을 교실 중 한 곳을 정해 올려놓습니다.
4. 로봇은 로봇 박사가 말하는 대로만 움직이고 어떤 동작을 할 수 있습니다.
5. 로봇 박사가 하나의 움직임을 말하면 로봇은 이동하거나 방향을 바꿉니다(반복).
6. 가장 짧은 시간에 정확하게 말하는 대로 움직여 초콜릿을 잡는 팀이 되어 봅시다.
※ 방향을 말하지 않았는데 바꾸는 등 로봇 박사가 말하지 않은 행동을 하면 반칙입니다.

- 로봇에게 했던 말을 적어 봅시다.

 알·고·가·기

이 게임에는 어떤 의미가 있을까요?

- 초콜릿을 잡는 것처럼 간단한 동작도 사실 매우 여러 가지 단계를 거칩니다. 따라서 로봇에게 좀 더 구체적인 명령이 필요합니다. 로봇에게 이동 거리와 방향 횟수 등과 같이 구체적인 정보가 필요합니다.

다음 만화 컷과 같이 만드는 데 필요한 스크래치 블록을 맞혀 봅시다.

1. 고양이를 다음 만화 컷과 같이 만드는 데 필요한 스크래치 블록을 맞히는 퀴즈입니다.

2. 알맞은 스크래치 블록을 골라 화살표와 연결해 봅시다.

(정답 104쪽)

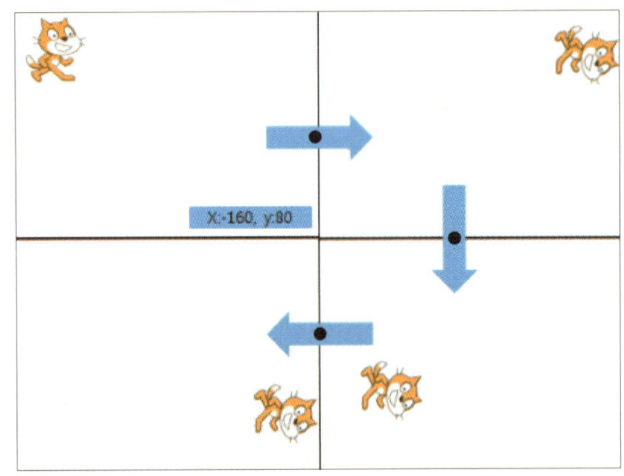

- 90▼ 도 방향 보기 / x: -173 y: 118 로 이동하기

- 1 초 동안 x: -172 y: -82 으로 움직이기

- y좌표를 -200 만큼 바꾸기

- 300 만큼 움직이기 / ↻ 90 도 돌기

- 90▼ 도 방향 보기 / 50 만큼 움직이기

- x좌표를 -300 만큼 바꾸기 / 도넛츠 ▼ 쪽 보기

- 도넛츠 ▼ 위치로 이동하기

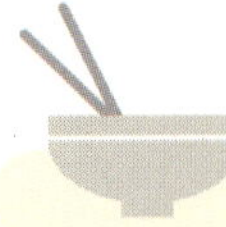

알·고·가·기

각 블록은 조금씩 다른 의미를 가지고 있어요

정확한 동작을 위해 필요한 블록을 찾고 어떻게 활용할 수 있을지 생각해봅시다.

컴퓨터로 활동하기

컴퓨터로 만들어 실행해 봅시다.

1. 스크래치 예제 파일을 열어 봅시다(3-1-S.sb2).
2. 캐릭터가 알맞은 블록을 찾아 위(상), 아래(하), 왼쪽(좌), 오른쪽(우)으로 이동할 수 있도록 미로 프로그램을 완성해 봅시다.

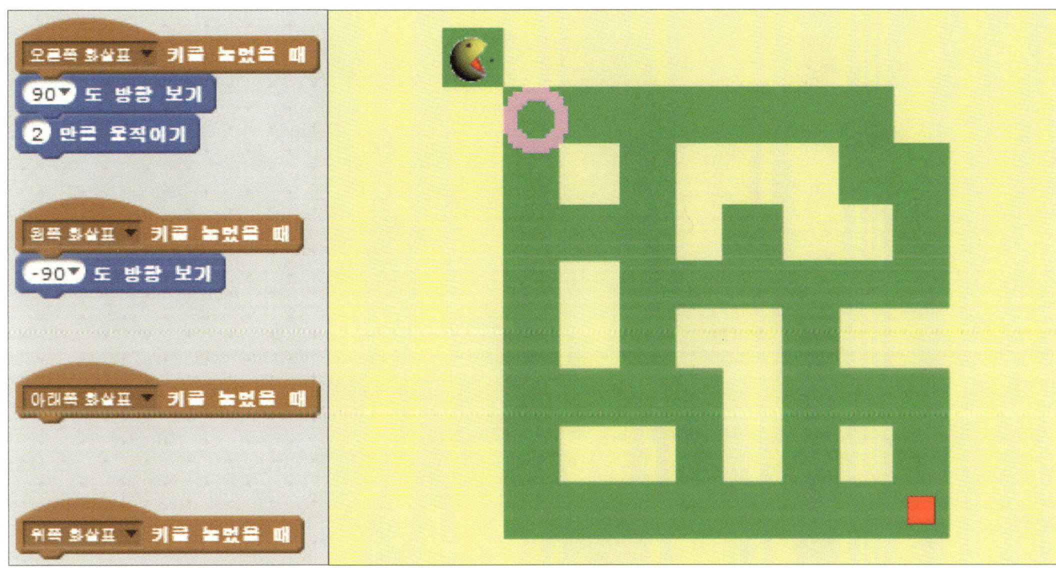

Q. 모두 완성했는데 이동이 되지 않아요.

A. 그 이유는 초록색 미로 안에서만 이동할 수 있기 때문이죠.

Q. 그럼 어떻게 해야 하나요?

힌트! 캐릭터를 분홍색 원의 위치로 이동시키면 시작할 수 있겠지요?

비·법·소·스

① 입력 장치인 키보드의 화살표 키에 알맞은 방향과 움직임 속도를 정해 봅시다.

② 바라보는 방향을 향해 이동하며, 숫자의 크기만큼 빠르게 이동할 수 있습니다.

 컴퓨터로 만들어 실행해 봅시다.

1. 새로운 미로에 알맞게 시작 위치와 이동 속도를 바꾸어 완성해 봅시다.

☞ 두 번째 미로입니다. 새로운 미로에 알맞게 시작 위치를 완성해 봅시다.

 도·전·과·제

속도를 변형시켜 보거나 새로운 미로를 만들어 봅시다. 미로 스프라이트를 클릭한 후 [모양] 탭에서 새로운 미로를 만들고, 그에 알맞게 스크래치 블록을 연결해 완성하여 봅시다.

1. 제어 블록을 이해할 수 있다.
2. 제어 블록을 활용하여 프로그램을 완성할 수 있다.

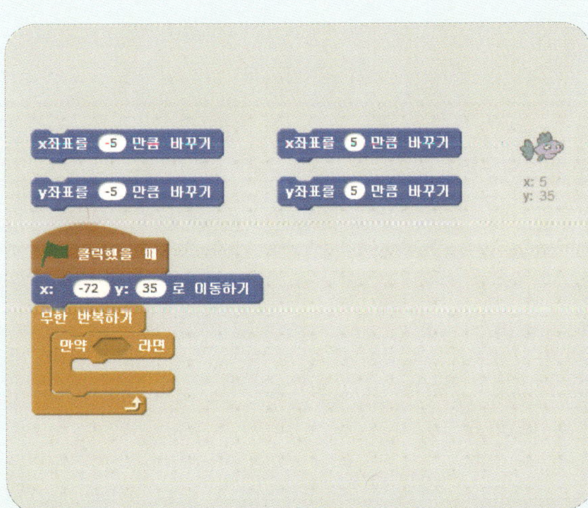

이번 시간에는 제어 블록의 기능을 알고 활용해 봅시다. 제어 블록 중 반복과 관련된 블록을 활용하면 프로그램을 간단하게 줄여 만들 수 있습니다. 반복 횟수를 정하거나 반복 상황을 명확하게 알려주면 간단한 스크립트로도 다양한 작품을 만들 수 있습니다. 제어 블록의 기능을 익히고 활용하여 다양한 프로그램을 만들어 봅시다.

게임 활동을 통해 프로그래밍을 이해하여 봅시다.

☞ 복불복(나 언제까지 해야 하니?) 게임

1. 네 장의 카드를 준비합니다(부록 3, 120쪽). 카드 뒷면에는 각각 "한 번 하기", "열 번 하기", "계속 하기", "○○ 할 때까지 하기"를 적어 놓습니다(○○은 '숨을 헐떡일 때까지 하기'처럼 다양한 상황 제시가 가능합니다).
2. 네 명의 술래가 순서를 정해 네 장의 카드 중 한 장씩을 고릅니다.
3. 카드 선정이 끝나면 고른 카드를 보지 않은 채 등에 붙이고 동시에 뒤돌아서 앉았다 일어나기를 시작합니다.
4. 나머지 학생은 카드에 정해진 횟수를 실시하거나 약속된 상황이 벌어졌을 때 "○○○(학생 이름) 그만"이라고 외칩니다.
5. "계속 하기"가 붙여진 학생은 게임이 종료될 때까지 계속 실시합니다.

 알·고·가·기

반복 제어문으로 다양하게 명령할 수 있어요

① 우리는 어떤 행동을 지시할 때 횟수를 정하거나 상황을 제시할 수 있습니다. 예를 들어 전진하기를 지시할 때 1회, 10회, 벽에 부딪칠 때까지, 계속 전진 등 다양한 명령이 가능합니다.
② 스크래치 프로그램의 기본 명령은 1회입니다. 단, 제어 기능을 활용하면 명령의 횟수나 약속된 상황까지 명령을 반복하거나 약속된 상황에서 명령이 시작되도록 프로그래밍할 수 있습니다.

 퀴즈를 통해 사고력을 길러 봅시다.

1. 게임에서 사용된 횟수나 상황을 스크래치 프로그램으로 표현해 봅시다.
2. 그림에 알맞은 스크래치 블록은 무엇인지 선으로 연결해 봅시다.

(정답 104쪽)

한 번 하기 (~하기)	10 번 반복하기 / 5 만큼 움직이기
○○할 때까지 하기	5 만큼 움직이기
열 번 하기	까지 반복하기 / 5 만큼 움직이기
계속 하기	무한 반복하기 / 5 만큼 움직이기

 알·고·가·기

조금씩 다른 반복의 의미를 이해해요

① 반복 횟수를 정하면 약속된 수만큼 반복하여 명령을 수행합니다.

② '계속 하기'는 프로그램이 끝날 때까지 명령을 멈추지 않습니다.

③ '○○할 때까지 하기'는 정해진 상황이 벌어질 때까지 명령을 수행합니다.

④ 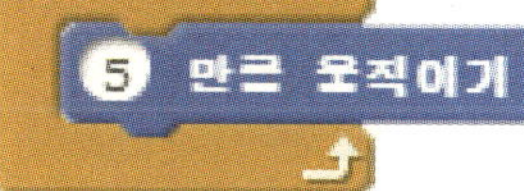 는 특정 키를 눌렀을 때, [이 스프라이트를 클릭했을 때] 는 스프라이트가 클릭 되었을 때 명령을 수행하는 기능입니다.

컴퓨터로 활동하기

컴퓨터로 만들어 실행해 봅시다.

1. 스크래치 예제 파일을 열어 봅시다(4-1-S.sb2).
2. 제어 기능을 활용하여 프로그램을 완성해 봅시다.

- 물고기가 상어를 피해 쿠키를 먹는 프로그램을 완성하고자 합니다.
- 물고기는 플레이어가 움직이고, 상어는 자동으로 움직이게 하려고 합니다.
- 물고기는 움직이는 쿠키를 먹어야 하며, 쿠키는 물고기에 닿으면 사라집니다.

물고기가 상어를 피해 움직일 수 있도록, 방향 키 누르면 물고기가 네 방향으로 한 번씩 움직일 수 있도록 만들어 봅시다.

상어는 게임이 종료될 때까지 계속 움직이고, 벽에 닿으면 튕기는 기능을 포함하도록 만들어 봅시다.

과자는 게임이 시작되면 물고기에 닿을 때까지 움직인 후에 사라지게 만들어 봅시다.

비·법·소·스

① 키보드의 방향 키를 누르면 움직이는 동작은 제어의 `스페이스 키를 눌렀은 때` 기능을 활용합니다. `Space bar` 외에도 다양한 키를 활용할 수 있습니다.

② 벽에 닿았을 때 튕기는 기능은 `벽에 닿으면 튕기기` 를 사용하여 만들 수 있습니다.

③ 스프라이트에 닿는 기능은 관찰 영역의 `▼ 에 닿았는가?` 를 사용하여 만들 수 있습니다.

- 상어가 좌우로만 움직인다면 상어의 방향(파란색 선)을 위나 아래로 살짝 움직여 주세요.

- 네 방향으로 움직일 때는 X, Y좌표로 이동 명령을 내릴 수 있습니다.

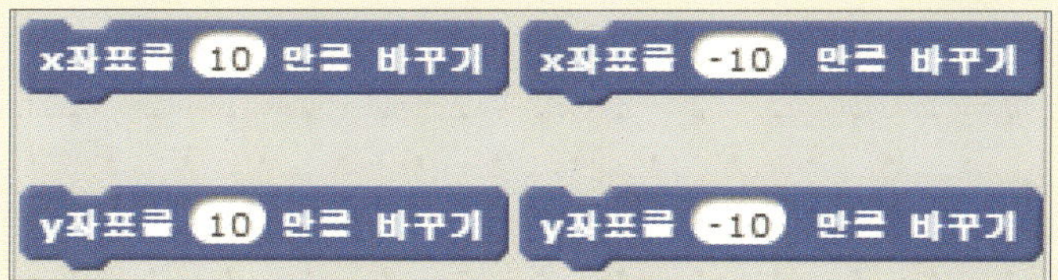

1. 무대의 배경에서 [저상소에서 배경 선택] 버튼을 활용하면 적당한 배경을 찾을 수 있습니다.
2. 같은 기능을 가진 스프라이트를 여러 개 만들고 싶을 때는 스프라이트를 완성한 후 마우스 오른쪽 버튼을 클릭하면 나타나는 단축 메뉴에서 복사 를 클릭합니다.

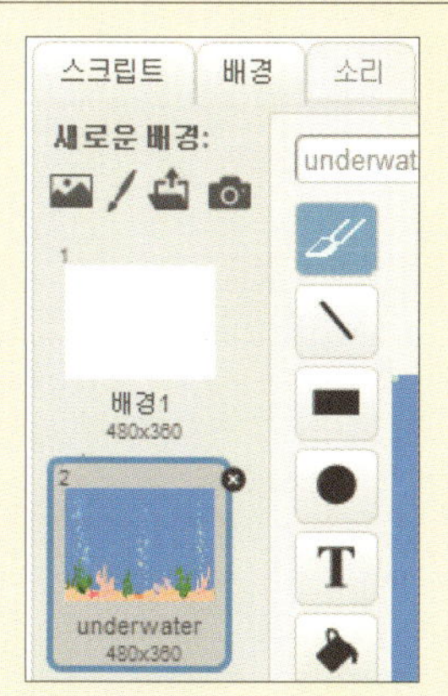

무대를 바꾸기 무대의 배경에서 [가져오기] 버튼을 활용하면 적당한 배경을 찾을 수 있습니다.	같은 기능을 가진 스프라이트를 여러 개 만들고 싶을 때는 스프라이트를 완성한 후 마우스 오른쪽 버튼을 클릭하면 나타나는 단축 메뉴에서 복사 를 선택하면 됩니다.

1. 형태 블록을 이해할 수 있다.

2. 형태 블록을 활용하여 프로그램을 완성할 수 있다.

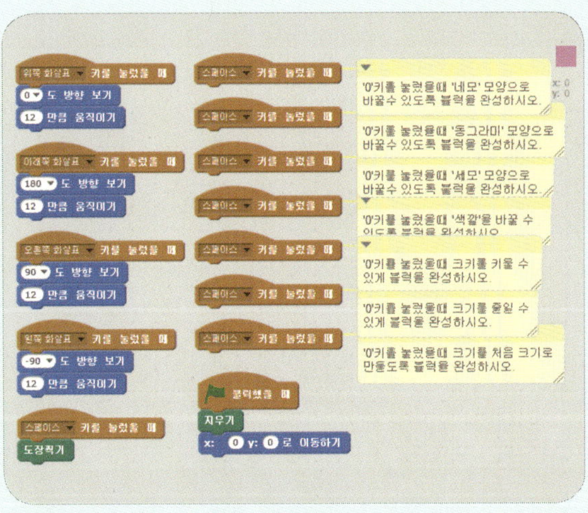

이번 시간에는 형태 블록의 기능을 알고 활용해 봅시다. 형태
블록은 스프라이트의 모양, 색깔, 크기 등을 자유롭게 변화시킬
수 있는 블록입니다. 형태 블록을 활용해 스프라이트를 자유롭게
변화시키는 나만의 프로그램을 완성해 봅시다.

컴퓨터 없이 활동하기

틀린 그림 찾기 활동을 통해 프로그래밍을 이해하여 봅시다.

☞ 틀린 곳을 찾아 포스트잇에 적어 봅시다.

[그림 1]

[그림 2]

 알 · 고 · 가 · 기

스프라이트를 다양하게 변화시킬 수 있어요

① [그림 1]과 [그림 2]의 다른 점은 무엇이고, 어떻게 다를까요?

② 스크래치 프로그램은 스프라이트의 모양, 크기, 색깔을 다양하게 변화시킬 수 있습니다.

 게임 활동을 통해 프로그래밍을 이해하여 봅시다.

1. 그림을 보고 어떠한 명령을 내렸을 때 모양, 색깔, 크기가 바뀌는지 생각해 봅시다.
2. 그림에 알맞은 스크래치 블록은 무엇인지 선으로 연결해 봅시다.

(정답 105쪽)

	크기를 -30 만큼 바꾸기
	색깔 ▼ 효과를 100 만큼 바꾸기
	모양을 2 ▼ (으)로 바꾸기
	크기를 30 만큼 바꾸기

 알·고·가·기

크기를 바꾸는 방법은 두 가지입니다

① '크기 바꾸기'에서 숫자가 양의 수(10, 20, …)이면 크기가 커지고, 음의 수(−10, −20, …)이면 작아집니다.

② '크기 바꾸기'는 주어진 숫자만큼 누적되어 크기가 변하고, '크기 %로 정하기'는 크기를 한 번에 정하여 변하게 합니다. 예를 들어 크기를 30 만큼 바꾸기 는 블록이 실행될 때마다 30만큼씩 크기가 커지는 반면, 크기를 30 % 로 정하기 는 원래 크기의 30퍼센트(%)로 작아집니다.

① [/ (새 스프라이트 색칠)]을 클릭한다.

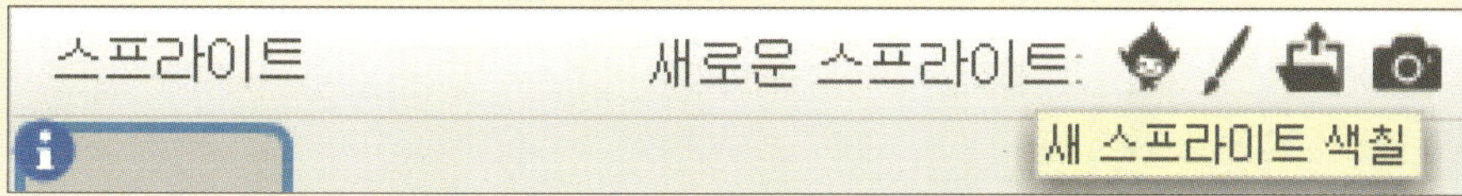

② 위의 순서에 따라 원하는 모양을 그린다(Shift 를 누른 상태에서 그리면 정다각형을 그릴 수 있다).

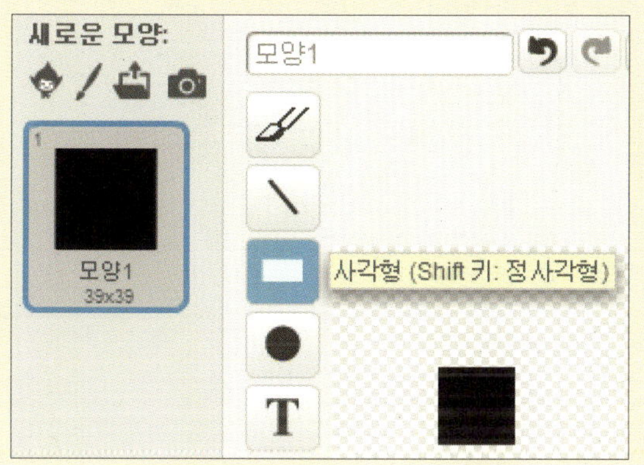

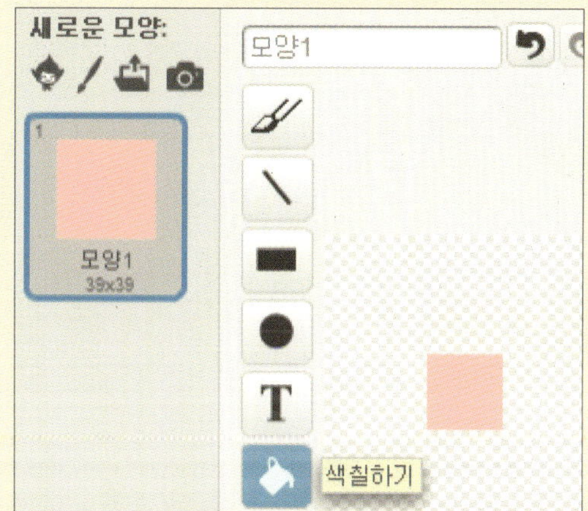

③ ②를 완료하면 위와 같은 도형을 그릴 수 있다. 도형을 추가하려면 모양 – / (새 스프라이트 색칠)을 클릭한다.

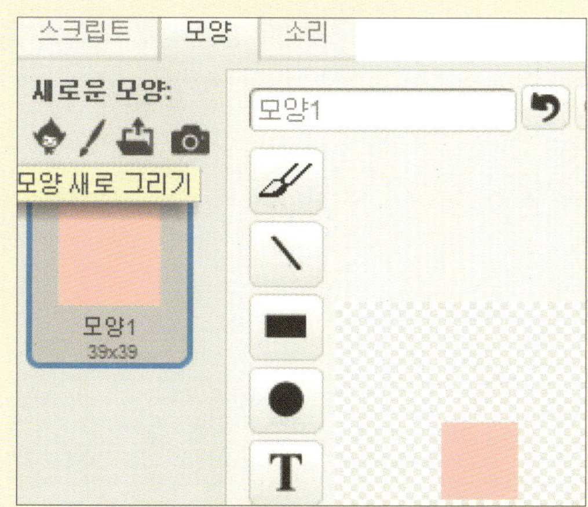

컴퓨터로 만들어 실행해 봅시다.

1. 스크래치 예제 파일을 열어 봅시다(5-1-S.sb2).
2. 아래 예시를 활용하여 모양, 크기, 색깔을 바꿀 수 있는 블록을 만들어 봅시다.

① 예시를 바탕으로 스프라이트를 네모, 동그라미, 세모 모양으로 바꾸어 봅시다.

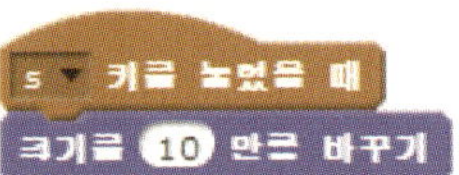   

② 예시를 바탕으로 크기 블록을 이용하여 스프라이트의 크기를 바꿀 수 있는 기능을 만들어 봅시다.

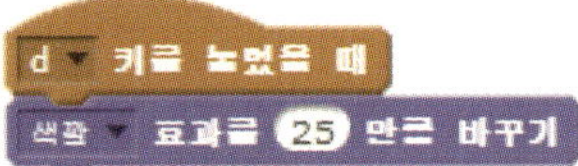   

③ 예시를 바탕으로 색깔 효과 바꾸기를 이용하여 스프라이트의 색깔을 바꾸는 기능을 만들어 봅시다.

 비·법·소·스

① 모양을 바꾸거나, 크기를 바꾸거나, 색깔을 바꿀 때 각 영역에 따라 비슷한 키보드의 배열에 위치시키면 편리합니다.
② 크기를 바꿀 때 '양의 숫자'는 커지는 것을 의미하고, '음의 숫자'는 작아지는 것을 의미합니다.

 컴퓨터로 만들어 실행해 봅시다.

1. 지금까지 배운 모양, 크기, 색깔 블록을 활용하여 예시와 같이 자신만의 그림을 그려 봅시다.

2. 내가 만든 그림을 친구들과 공유해 봅시다.

[예시]

스크래치 음미하기 ①

| 6~7단원 | 조건문 이해하기 |
| 8단원 | 안전한 현관문 잠금장치 만들기 |

조건문 이해하기

✔ 배움 목표

1. 조건문을 이해할 수 있다.
2. 조건문을 활용해 프로그램을 완성할 수 있다.

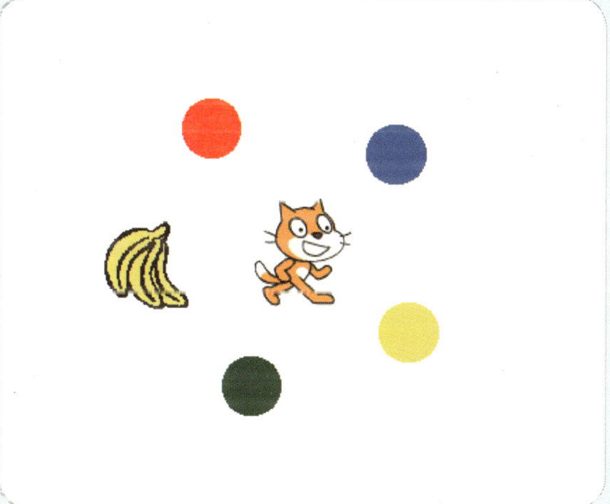

이번 시간에는 조건문의 기능을 알고 활용해 봅시다. 제어 블록 중 '만약~라면'이라는 블록을 활용하면 상황 혹은 조건에 따라 여러 가지 명령을 내릴 수 있습니다.

'당신의 이웃을 사랑하십니까? 게임'을 프로그램으로 만들 때 조건과 명령을 잘 생각해 보고 나만의 프로그램을 완성해 봅시다.

컴퓨터 없이 활동하기

게임 활동을 통해 프로그래밍을 이해하여 봅시다.

☞ 당신의 이웃을 사랑하십니까? 게임

1. 게임하는 친구들의 수보다 의자를 하나 적게 준비하여 둥글게 놓습니다.

2. 술래가 앉은 친구들 중 한 명을 지목한 후 "당신의 이웃을 사랑하십니까?" 라는 질문을 합니다.

3. 질문을 받은 친구는 "예"와 "아니오"라고 대답합니다.

4. "예"라고 대답하면, 질문받은 친구의 양옆 친구가 서로 자리를 바꾸어야 합니다.

   이때, 술래는 두 자리 중 한 곳으로 들어가면 됩니다.

5. "아니오"라고 대답하면, 술래는 다시 "그렇다면 당신을 어떤 이웃을 사랑하십니까?"라고

   묻습니다. 질문을 받은 친구는 사람들의 특징을 가리켜 대답을 합니다.

   (예 안경을 쓰고 있는 사람을 사랑합니다, 머리 길이가 짧은 사람을 사랑합니다 등).

6. 자리를 바꾸다가 특정한 색 의자에 앉으면 정해진 행동을 해야 합니다.

   ※ 의자 위에 색종이나 색 이름을 적은 종이를 올려놓습니다.

만약	빨간색에 닿으면	예 앉은 상태로 헤드뱅잉을 한다.
	파란색에 닿으면	
	노란색에 닿으면	
	초록색에 닿으면	

알·고·가·기

조건이나 상황에 따라 다른 명령을 내릴 수 있습니다

① "만약 뜨거운 물에 손이 닿는다면" 빨리 손을 떼게 되겠죠? 이렇게 어떤 조건을 만족시킬 때 정해진 행동이나 말을 하게 되는 경우가 있습니다.

② "만약 빨간색 의자에 앉는다면"과 같은 조건을 만족시킬 때 정해진 행동이나 말을 해 본 것처럼 스크래치에서도 스프라이트에게 어떤 조건을 주고 만족시킬 때 정해진 행동이나 말을 하게 할 수 있습니다.

③ 스크래치에서는 조건이 있을 때 어떤 행동이나 말을 하게 할 수 있는 블록들이 있어 다양한 기능을 추가할 수 있습니다.

게임 활동을 통해 프로그래밍을 이해하여 봅시다.

1. 지금까지 한 '당신의 이웃을 사랑하십니까? 게임'을 스크래치로 옮겨 보았습니다.
2. 그림을 보고 고양이에게 어떤 조건이 주어졌을 때 어떤 행동을 하는지 글로 나타내 봅시다.
3. 그림에 알맞은 스크래치 블록은 무엇인지 선으로 연결해 봅시다.
(정답 105쪽)

☞ 글로 나타내 봅시다.

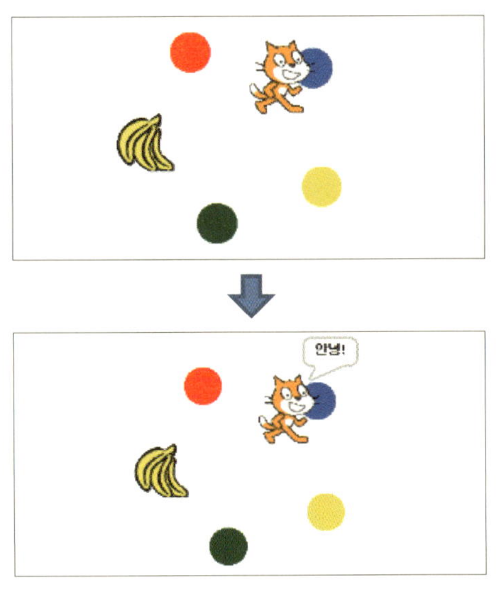

고양이가 만약

_______________ 때,

↓

_______________ 한다.

☞ 알맞은 스크래치 블록을 선으로 연결해 봅시다.
(정답 106쪽)

마우스 클릭하기?　·

고양이▼ 에 닿기?　·

　색에 닿기?　·

야구공▼ 에 닿기?　·

　색에 닿기?　·

· 여기에 들어갈 블록을 연결하세요.

만약　라면

· 여기에 들어갈 블록을 연결하세요.

· 색깔▼ 효과 25 만큼 바꾸기

· 크기 10 만큼 바꾸기

· 모양 강아지▼ 로 바꾸기

· 야옹▼ 소리내기

· 안녕! 2 초동안 말하기

컴퓨터로 활동하기

컴퓨터로 만들어 실행해 봅시다.

1. 스크래치 예제 파일을 열어 봅시다(7-1-S.sb2).
2. 조건문 블록을 사용하여 고양이가 서로 다른 색이나 물건에 닿았을 때 특정 행동을 할 수 있도록 만들어 봅시다.
3. 색 의자나 물건을 클릭하면 고양이가 그 곳으로 이동하고, 고양이를 클릭하면 다시 고양이가 원래 자리로 되돌아가도록 만들어 봅시다.

 비·법·소·스

① 블록을 시작할 때는 클릭했을 때 를 누릅니다.
② 스크래치에서 어떤 조건을 만족시킬 때 정해진 행동이나 말을 하게 할 수 있는 블록에는

 과 이 있습니다.

③ 스크래치 관찰 탭의 색에 닿기?, 에 닿기? 등을 만약 라면 의 부분에 끼워 넣으면 조건문을 완성할 수 있습니다.

배움 세 스푼 ❷ 더 나아가기

🧑‍🍳 컴퓨터로 만들어 실행해 봅시다.

1. 지금까지 배운 동작, 형태, 소리 탭 등을 활용해 다양한 조건문(다섯 가지 모두)을 완성하여 봅시다.
2. 내가 만든 조건문을 친구들과 비교해 봅시다.

 도·전·과·제

스크래치를 이용하여 고양이가 빨간색 의자에 닿았을 때 "안녕, 반가워"라고 말하면서 고양이의 몸 색깔이 파란색으로 바뀌도록 만들어 봅시다(힌트! 블록의 숫자를 변경하여 완성할 수 있습니다).

✔ 배움 목표

1. 관찰 블록을 이해할 수 있다.
2. 관찰 블록을 활용해 프로그램을 완성할 수 있다.

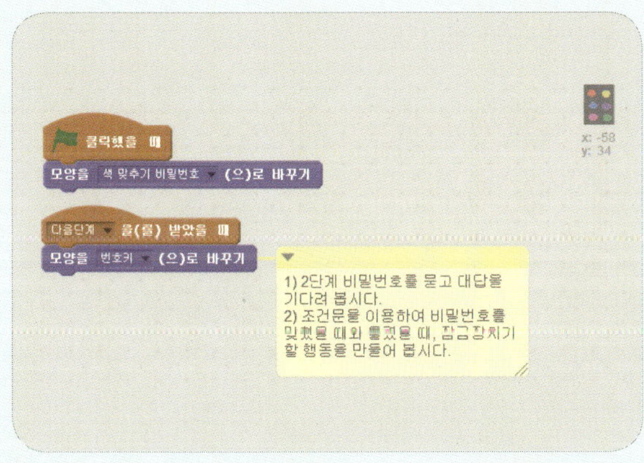

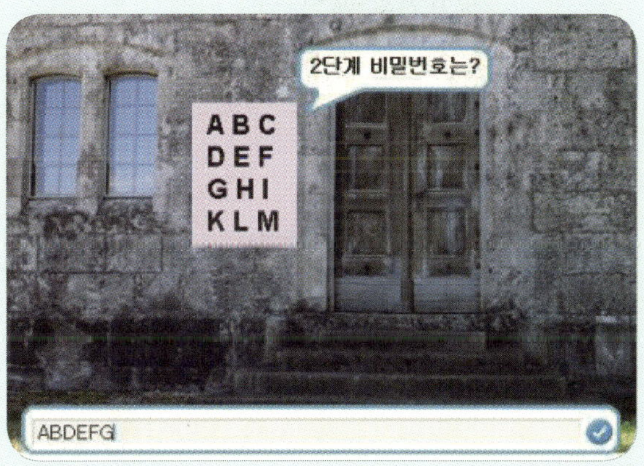

이번 시간에는 관찰 블록의 기능을 알고 활용해 봅시다. 관찰 블록을 활용하면 조건문을 사용하여 프로그램을 만들 때 다양한 상황을 만들 수 있습니다. '스프라이트에 닿았을 때', '○○색에 닿았을 때' 등의 관찰 블록을 활용해 나만의 안전한 현관문 잠금장치를 생각해 보고, 이를 프로그램으로 완성해 봅시다.

컴퓨터 없이 활동하기

기사를 읽고 현관문 잠금장치를 상상해 봅시다.

☞ 당신의 현관문은 안전합니까?

> 자신의 범행을 숨기기 위해 성형 수술까지 하여 외모를 바꾸고 전국의 아파트를 돌아다니며 전문적으로 금품을 훔친 일당이 경찰에 붙잡혔습니다. 이들이 훔친 총 액수를 합하면 수억원 대에 이른다고 합니다.
>
> ○○ 경찰서에서는 전국의 아파트를 돌아다니며 현관문을 열고, 수억 원대의 금품을 턴 혐의로 A 씨(30), B 씨(32), C 씨(30)를 구속했다고 밝혔습니다.
>
> ○○ 경찰서에 근무하는 S(45) 경찰에 따르면 A 씨 일당은 지난해 2~12월까지 전국을 돌며 아파트 출입문에 부착된 디지털 잠금장치를 해제한 후, 귀금속 및 현금을 훔치는 등 약 100여 차례에 걸쳐 12억 5,000만 원 상당의 금품을 훔친 혐의를 받고 있습니다.
>
> 심지어 A 씨의 경우, 범행 전 양악 수술과 쌍꺼풀 수술 등을 받고 가발을 착용하는 등 자신의 신분을 숨기며 약 10개월 동안 경찰의 추적을 피해온 것으로 알려졌습니다. 경찰은 피해자가 더 있을 것으로 보고 A 씨 일당을 상대로 조사 중입니다.

☞ 나만의 안전한 현관문 잠금장치를 생각해 봅시다.

생각하는 힘 기르기

프로그램 과정을 상상하며 사고력을 길러 봅시다.

1. 스크래치로 '현관문 잠금장치'를 만들어 봅시다.
2. 그림을 보고 글로 나타내 봅시다.
3. 그림에 알맞은 스크래치 블록은 무엇인지 선으로 연결해 봅시다.

(정답 106쪽)

☞ 글로 나타내 봅시다.

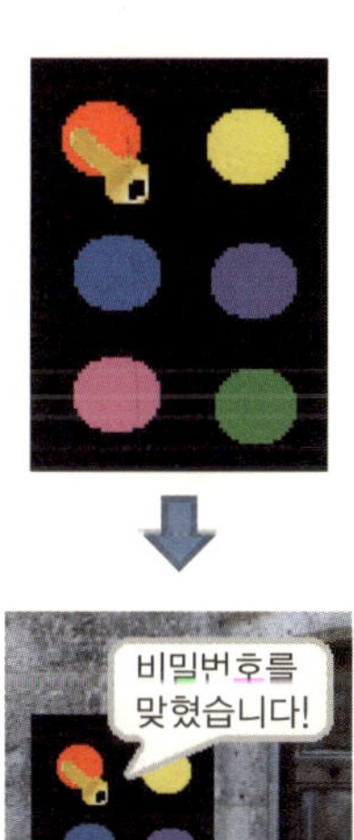

열쇠가 만약______________ 때,

______________(이)라고 한다.

만약 대답이 비밀번호와 같다면

_____________(이)라고 말한다.

_________________을(를) 묻고 대답을 기다린다.

만약 대답이 비밀번호와 같지
않다면

모양이 __________(으)로

바뀌면서,

_____________말한다.

☞ 어떤 스크래치 블록과 연결해야 할까요?

•

•

만약 대답 = 비밀번호 라면
  비밀번호를 맞혔습니다. 을(를) 2 초동안 말하기
아니면

2단계 비밀번호는? 묻고 기다리기

만약 대답 = 비밀번호 라면
아니면
  모양을 침입자발생 ▾ (으)로 바꾸기
  침입자발생! 을(를) 15 초동안 말하기

컴퓨터로 활동하기

컴퓨터로 만들어 실행해 봅시다.

1. 스크래치 예제 파일을 열어 봅시다(8-1-S.sb2).
2. 스크래치로 '현관문 잠금 장치'를 만들어 봅시다.
3. 1단계 는 색을 맞추는 장치로, 색을 맞히면 다음 단계로 넘어가도록 프로그래밍해 봅시다.
4. 2단계 는 번호를 맞히는 장치입니다. 자신만의 비밀번호를 설정하여 비밀번호 장치를 구현해 봅시다.

☞ 1단계 어떤 색을 비밀번호로 할 것인지를 정하여 스크립트를 완성해 봅시다.

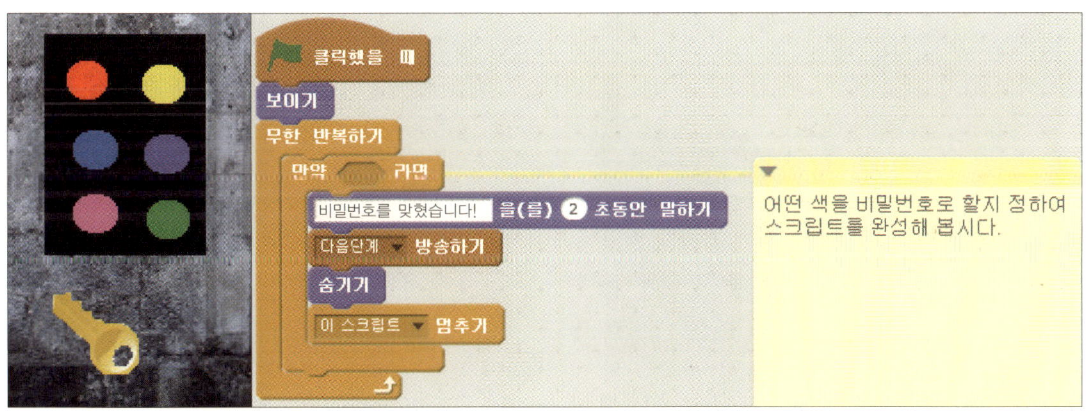

비·법·소·스

① 열쇠는 키보드의 방향키(←, ↑, →, ↓)로 움직일 수 있습니다.

② 스크래치 관찰 탭의 ■ 색에 닿았는가? 를 만약   라면 의   부분에 끼워 넣으면 조건문을 완성할 수 있습니다.

③ 나만의 비밀번호 색으로 바꾸어 표현해 봅시다.

④ 비밀번호를 맞혔을 때, 잠금장치가 어떤 말을 할 것인지도 스스로 정해 봅시다.

☞ `2단계 ①` `2단계` 비밀번호를 묻고 대답을 기다려 봅시다.

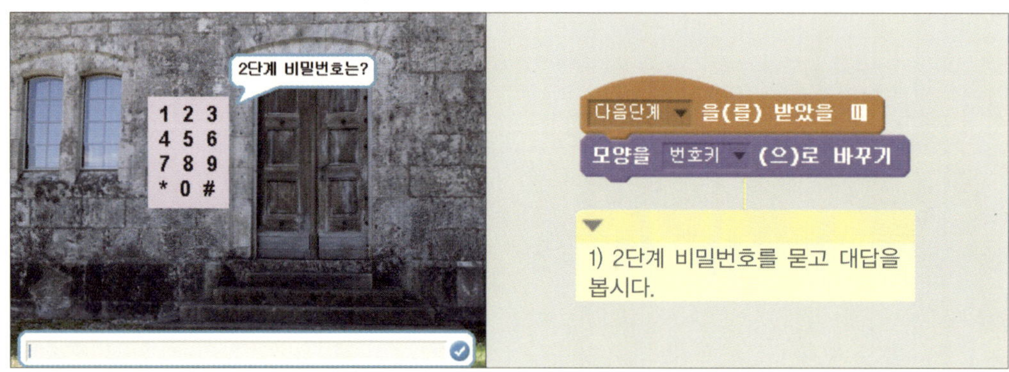

☞ `2단계 ②` 조건문을 이용하여 비밀번호를 맞혔을 때와 맞히지 못했을 때, 잠금 장치가 할 행동을 만들어 봅시다.

예시 *만약 대답과 비밀번호가 같다면*

예시 *만약 대답과 비밀번호가 같지 않다면*

비·법·소·스

① **묻고 기다리기** 는 질문을 한 후 체크 박스()에 대답을 쓰고 ✔나 Enter 를 누를 때까지 기다리게 합니다.

② 체크 박스( )에 작성한 대답은 **대답** 에 저장됩니다.

③ [2단계 ②]에서는 조건문 **만약 라면 아니면** 과 연산 **= ** 을 사용합니다. 연산은 조건문 **만약 라면** 의 부분에 끼워 넣을 수 있습니다.

④ 연산 **= ** 에 **대답** 을 끼워 넣고, **대답 = ** 의 빈 부분에 자신이 원하는 비밀번호를 설정하여 넣도록 합니다.

 컴퓨터로 만들어 실행해 봅시다.

1. 비밀번호를 맞혔을 때와 틀렸을 때 잠금 장치가 할 수 있는 행동을 다양하게 생각해 봅시다.

2. 내가 만든 잠금 장치를 친구들과 공유해 봅시다.

 도·전·과·제

잠금 장치의 모양을 바꾸고, 비밀번호를 다양하게 만들어 봅시다(힌트! 잠금 장치의 모양 탭에서 모양을 편집하여 변경한 후 비밀번호를 수정해 보세요).

4부

스크래치
요리하기 ①

꿈씨 프로그램 만들기

꿈씨 프로젝트 만들기

1. 지금까지 배운 내용을 바탕으로 자신만의 프로젝트를 완성할 수 있다.

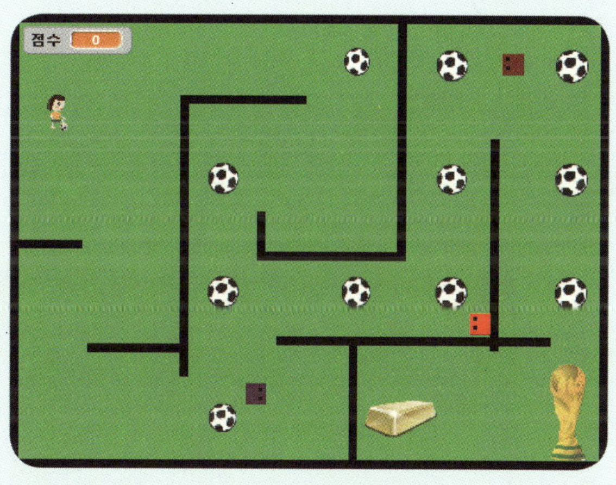

이번 시간에는 꿈씨 프로젝트를 완성하여 나만의 게임을 만들어 봅시다. 나만의 아이디어가 담긴 프로젝트를 완성하면 여러분은 자신만의 프로그램을 가진 프로그래머가 될 수 있습니다.

반짝이는 아이디어로 자신만의 프로젝트를 완성해 봅시다.

게임 활동을 통해 프로그래밍을 이해하여 봅시다.

☞ 팩맨(PacMan) 게임

1. 스크래치를 실행합니다(9,10-pacman.sb2).

2. 팩맨(PacMan) 게임을 해 봅니다.

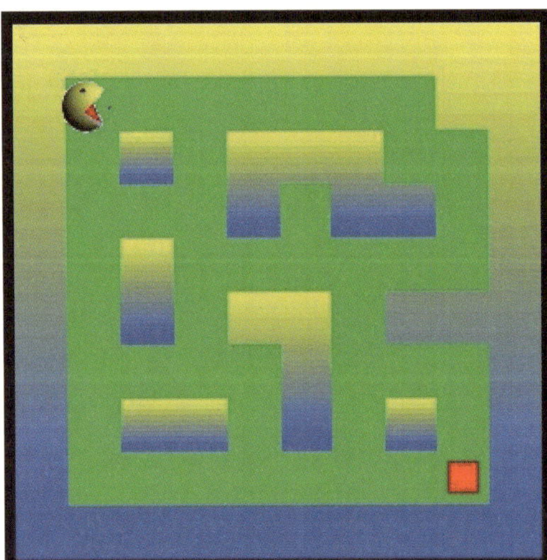

※ 미로 게임의 규칙은 무엇인가요?

❶ ________________________________

❷ ________________________________

❸ ________________________________

※ 미로 게임에서 반드시 필요한 기능은
무엇인가요?

❶ ________________________________

❷ ________________________________

❸ ________________________________

❹ ________________________________

❺ ________________________________

생각하는 힘 기르기

 프로그램 과정을 상상하며 사고력을 길러 봅시다.

※ 꿈씨 프로젝트가 완성되기 위해서는 어떠한 것들이 필요합니까?

❶ ____

❷ ____

❸ ____

❹ ____

※ 꿈씨 프로젝트의 미션 1, 2, 3과 추가 미션은 무엇입니까?

미션 1: ____

미션 2: ____

미션 3: ____

추가 미션: ____

 컴퓨터로 만들어 실행해 봅시다.

1. 스크래치 예제 파일을 열어 봅시다(9~10-1-S.sb2).

2. 예제 파일을 보고 미션을 파악한 후 미션을 완료해 봅시다.

☞ 미션 1. 주인공의 방향을 바꿔라!
→ 다양한 키로 주인공의 위치를 바꿀 수 있어요.

☞ 미션 2. 검은색 벽에 닿으면 처음 위치로 되돌아가게 하라!
→ 다양한 키로 주인공의 위치를 바꿀 수 있어요.

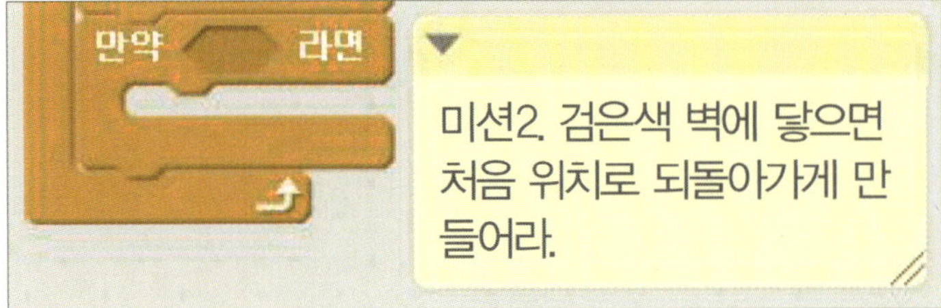

☞ 미션 3. 세 명의 적을 만들어라!
→ 세 종류의 적에 닿았을 때 벌어질 일을 창의적으로 구상해 보세요.

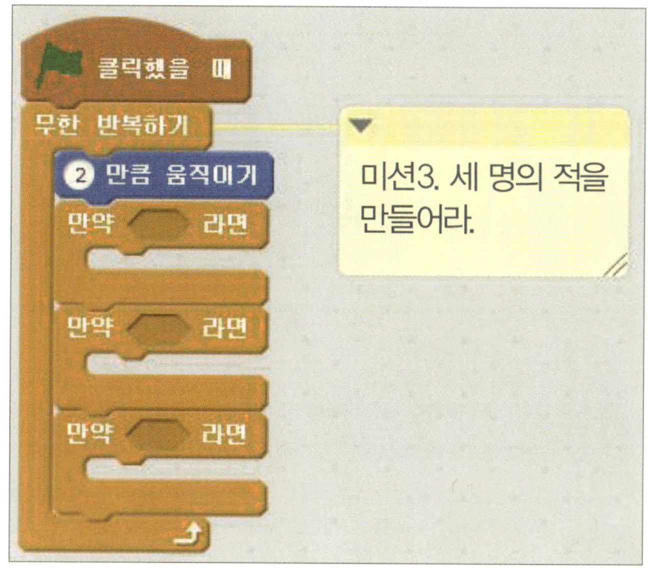

☞ 추가 미션. 골드바에 닿게 하라!
→ 골드바의 기능을 구상해 보세요.

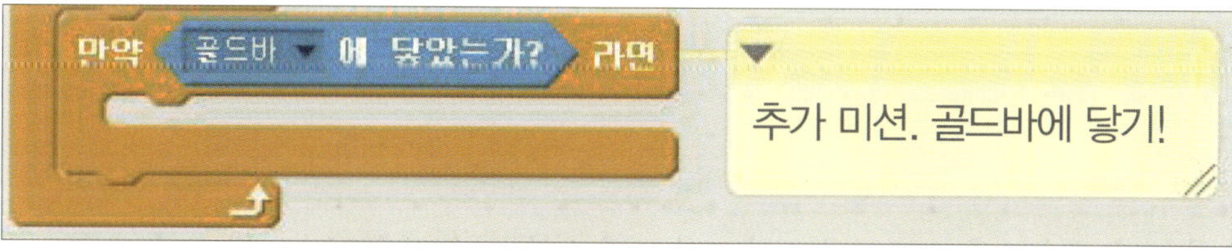

 내가 만든 '꿈씨 프로젝트'를 발표해 보고, 온라인상에 공유해 봅시다.

1. 친구들 앞에서 발표해 봅시다.
2. 온라인상에 공유해 봅시다.

가. **SCRATCH**를 클릭해 스크래치 홈페이지에 접속한 후 오른쪽 위의 **스크래치 가입**을 클릭해 회원 가입을 한다.

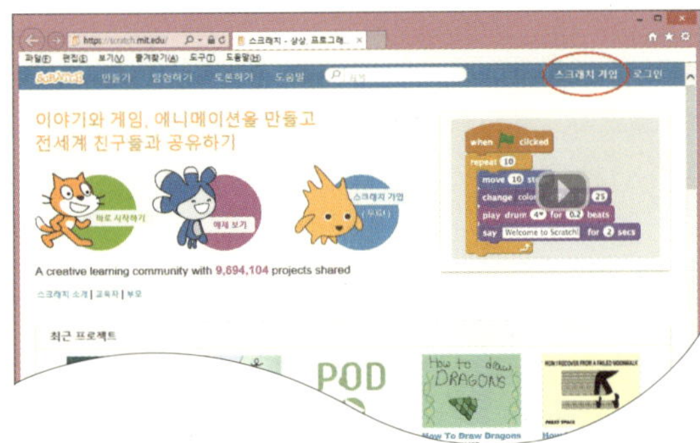

나. 가입한 후 **파일▼** – **웹사이트에 공유하기**를 클릭하고 자신의 ID와 암호를 입력한 다음 **확인** 버튼 을 클릭한다.

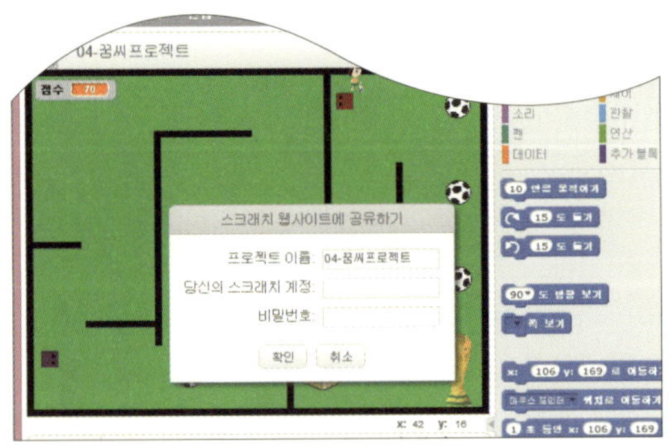

다. 스크래치 홈페이지의 오른쪽 위에 있는 **전체 프로젝트(7)** – **내 작업실**을 클릭하면 온라인상에 공 유되는 것을 확인할 수 있다.

스크래치 맛보기 ②

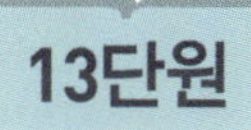

전자 악기를 연주하라!

1. 소리 블록을 이해할 수 있다.
2. 소리 블록을 활용하여 프로그램을 완성할 수 있다.

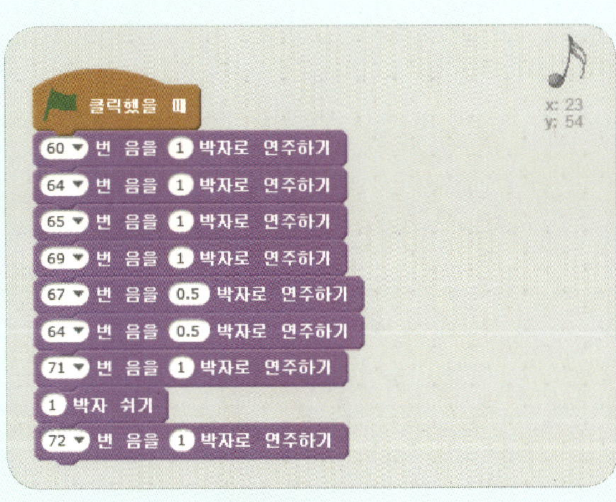

이번 시간에는 소리 블록의 기능을 알고 활용해 봅시다.

소리 블록을 사용하면 다양한 악기를 통해 여러 가지 음을 표현할 수 있습니다. 음계와 음의 길이를 표현하는 방법을 익혀 나만의 음악을 연주하는 프로그램을 완성해 봅시다.

여러분도 스크래치 프로그램을 통해 작곡할 수 있습니다.

컴퓨터 없이 활동하기

게임 활동을 통해 프로그래밍을 이해하여 봅시다.

☞ 찾아라, 절대 음감! 게임

스크래치 프로그램으로 우리 학급의 절대 음감을 찾아봅시다(11~12-1-T.sb2).

① 선생님이 스크래치 프로그램으로 음을 들려 줍니다.

② 학생들이 손을 들고 음을 발표합니다(개인 또는 모둠별 진행).

③ 선생님이 지명한 학생이 앞으로 나와 프로그램에 답을 넣습니다.

④ 틀리면 다른 학생이 도전합니다.

⑤ 맞힌 학생이 문제를 진행합니다(반복).

⑥ 가장 짧은 시간에 정확하게 음을 맞히는 팀이 되어 봅시다.

생각하는 힘 기르기

 퀴즈를 통해 사고력을 길러 봅시다.

1. 절대 음감에서 '도', '레', '미' 등과 같은 '음'은 어떻게 스크래치에게 명령한 것인지 생각해 봅시다.

2. 알맞은 스크래치 블록을 골라 화살표와 연결해 봅시다.

3. 박자는 어떻게 나타낼 것인지 생각해 봅시다.

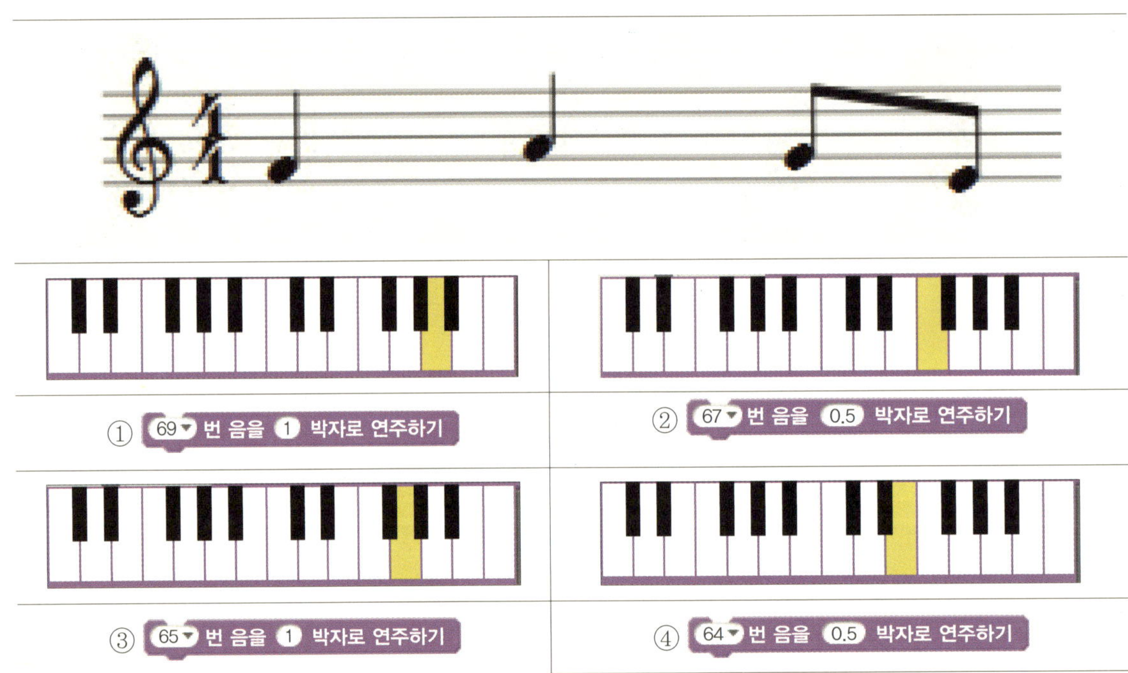

위 음표 대로 연주할 수 있도록 맞는 블록을 찾아 다음 차례대로 번호를 쓴 다음,
연결한 대로 만들고 확인해 봅시다.

(　　) – (　　) – (　　) – (　　)

컴퓨터로 활동하기

컴퓨터로 만들어 실행해 봅시다.

1. 스크래치 예제 파일을 열어 정답을 확인하고 변형해 봅시다(11~12-1-S.sb2).
2. 준비한 악보를 컴퓨터로 연주하는 스크래치 프로그램을 완성해 봅시다.

비·법·소·스

(정답 109쪽)

정답을 맞추고 생각해 보세요.

| 미션 1 |
| 악기를 바꾸고 싶어요. |

| 미션 2 |
| (   )를 바꾸고 싶어요. |

배움 세 스푼 ❷ 더 나아가기

컴퓨터로 만들어 실행해 봅시다.

> 1. 나만의 전자 악기를 만들어 봅시다.
>
> 2. 새로운 악기들을 조화롭게 연주하는 스크래치 프로그램을 만들어 봅시다.

☞ 다양한 악기들을 활용해 봅시다.

도·전·과·제

1. 템포를 변형시켜 봅시다.

2. 음량이 변하는 연주를 만들어 봅시다.

3. 새로운 악기 이미지를 그리거나 다운로드한 후 멋진 합주 프로그램을 완성해 봅시다.

13단원 펜 그리기

✓ 배움 목표

1. 펜 블록을 이해할 수 있다.
2. 펜 블록을 활용하여 프로그램을 완성할 수 있다.

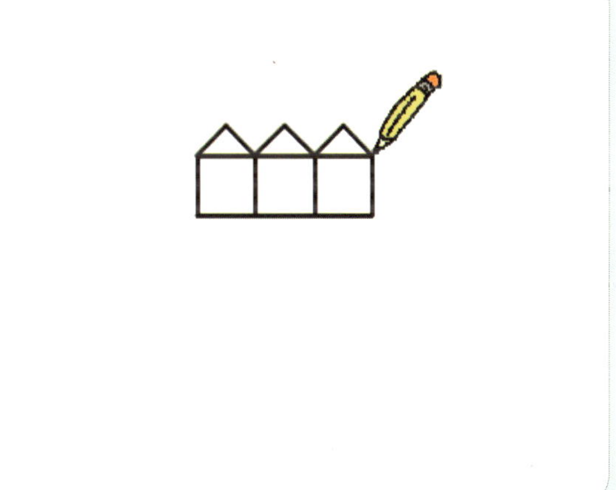

이번 시간에는 펜 블록의 기능을 알고 활용해 봅시다. 펜 블록을 사용하면 스프라이트에 펜을 매단 것처럼 선이 그려져 직접 그리지 않아도 명령에 따라 선과 형을 그릴 수 있습니다. 펜의 굵기와 색을 다르게 해 다양한 모양을 표현하는 자신만의 프로그램을 완성하여 봅시다.

그림을 그려 봅시다.

1. 도형 ○, △, □를 활용하여 왼쪽의 '내 그림' 칸에 원하는 도형을 그려 봅시다.
2. 내 그림을 짝에게 말로 설명하고, 짝은 그 설명을 들으면서 오른쪽의 '짝의 그림' 칸에 그려봅시다.
3. 모양, 크기, 위치가 모두 같게 그려졌는지 짝의 그림과 비교해 봅시다.

내 그림	짝의 그림

 알 · 고 · 가 · 기

명령을 통해 그림을 그릴 수 있어요

① 짝과 나의 그림이 다르다면 왜 다른지 생각해 봅시다.
② 펜으로 종이에 그림을 그리듯이 스크래치 프로그램도 명령을 통해 그림을 그릴 수 있습니다.

생각하는 힘 기르기

간단한 집을 그려봅시다.

1. 집을 그리기 위해 명령을 입력할 때 어떤 순서로 해야 하는지 괄호 안에 순서대로 숫자를 적어 봅시다.

(정답 109쪽)

1단계

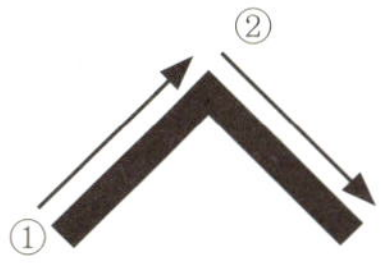

(완성)

| x: x좌표 + 20 y: y좌표 + -20 로 이동하기 | 펜 내리기 | 펜 색깔을 ■ (으)로 정하기 |
| ( ) | ( ) | ( ) |

| x: x좌표 + 20 y: y좌표 + 20 로 이동하기 | 펜 굵기를 5 (으)로 정하기 |
| ( ) | ( ) |

2단계

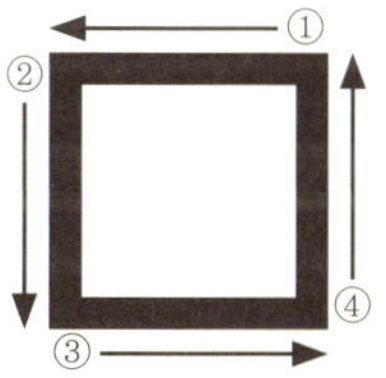

| x좌표를 -40 만큼 바꾸기 | y좌표를 40 만큼 바꾸기 | x좌표를 40 만큼 바꾸기 | y좌표를 -40 만큼 바꾸기 | 펜 올리기 |
| ( ) | ( ) | ( ) | ( ) | ( ) |

알·고·가·기

그림을 그리는 명령은 다양하게 표현할 수 있어요

① 펜으로 그릴 때는 펜 내리기 로 시작하고, 펜 올리기 로 끝냅니다.

② X, Y좌표 외에 15 도 돌기 를 이용할 수도 있습니다. 돌기를 활용하려면 어떻게 해야 할 것인지 생각해보세요.

 **배움 세 스푼 ❶**

컴퓨터로 활동하기

집을 실제로 그리는 프로그램을 만들어 봅시다.

1. 앞의 '배움 두 스푼'에서 그린 집을 실제로 그리는 프로그램을 만들어 봅시다.

① 스크래치 예제 파일을 열어 봅시다(13-1-S.sb2).

② 깃발을 클릭하면 연필이 검은색으로 집을 그리도록 만들어 봅시다.

③ Space bar 를 누르면 연필이 집을 그리도록 만들어 집을 여러 채 그려 봅시다.

 **비·법·소·스**

① 집 그리는 과정을 보려면 블록과 블록 사이에 `1 초 기다리기` 를 삽입합니다.

② 펜의 색은 수의 크기로 결정됩니다. 예를 들어 빨간색은 0~10, 노란색은 21~30입니다. `펜 색깔을 10 (으)로 정하기` 는 원하는 색의 수를 정해 주는 것입니다. `펜 색깔을 10 만큼 바꾸기` 는 이전 색의 수에 입력한 수만큼 더하거나 빼어 색의 수를 바꾸는 것입니다.

③ 펜의 크기는 '펜의 굵기'를 의미합니다. `펜 굵기를 3 (으)로 정하기` 는 펜의 굵기를 '1'로 지정해 줍니다. `펜 굵기를 3 만큼 바꾸기` 는 이전 펜의 굵기에 입력한 수만큼 더하거나 빼어 굵기를 바꿔 줍니다.

 스크래치 예제 파일을 다양하게 바꿔 봅시다.

1. 스크래치 예제 파일을 열어 봅시다(13-2-S.sb2 파일).
2. 아래 예시를 활용하여 모양, 크기, 색깔을 바꿀 수 있는 블록을 만들어 봅시다.

① 예시를 바탕으로 도넛 모양을 그려 봅시다.

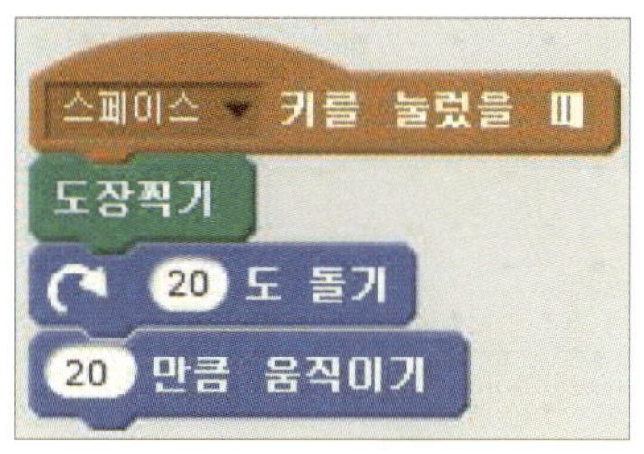  

② 예시에 블록을 추가하거나 변경하여 모양을 만들어 봅시다.

힌트! 색깔을 변경해 만들어 봅니다.

힌트! 크기를 변경해 만들어 봅니다.

힌트! 각도를 변경해 만들어 봅니다.

 비·법·소·스

우리가 평소에 사용하는 도장은 같은 모양을 여러 번 찍을 수 있습니다. 스크래치의 도장찍기 를 이용하면 우리가 정해 놓은 모양을 여러 번 반복하여 사용할 수 있습니다.

 도·전·과·제

형태와 색깔을 다양하게 표현하여 우주선을 그려 봅시다.

✓ 배움 목표

1. 연산 블록을 이해할 수 있다.
2. 연산 블록을 활용해 프로그램을 완성할 수 있다.

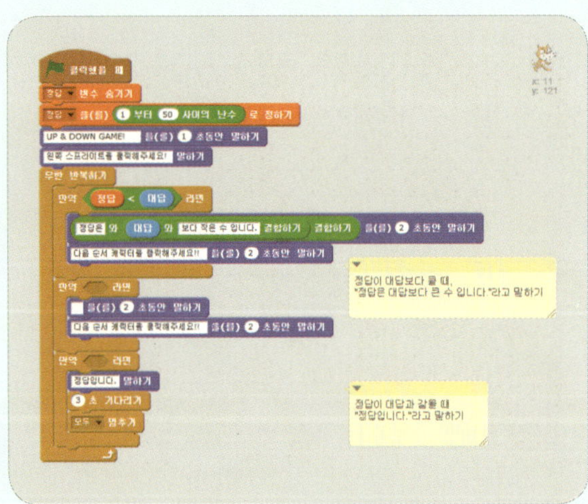

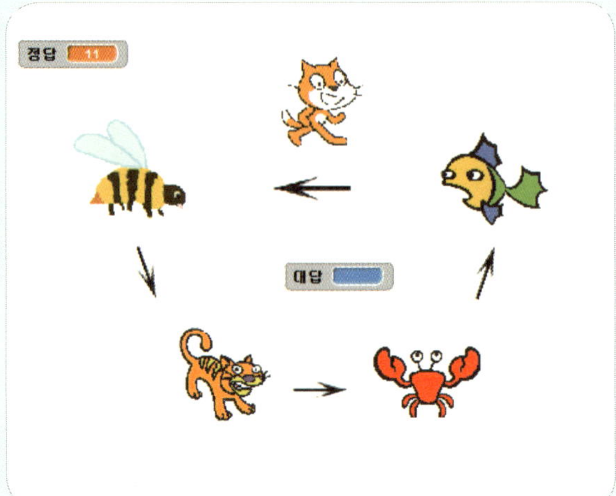

이번 시간에는 연산 블록의 기능을 알고 활용해 봅시다.

연산 블록을 사용하면 숫자의 연산 및 크기 비교 기능 등을 활용해 다양한 조건문을 만들 수 있습니다. 숫자를 비교하여 맞히는 게임을 통해 연산 블록을 이해하고, 이를 활용하여 숫자 계산 프로그램을 완성해 봅시다.

컴퓨터 없이 활동하기

게임 활동을 통해 프로그래밍을 이해하여 봅시다.

☞ **업 앤 다운(UP & DOWN) 게임**

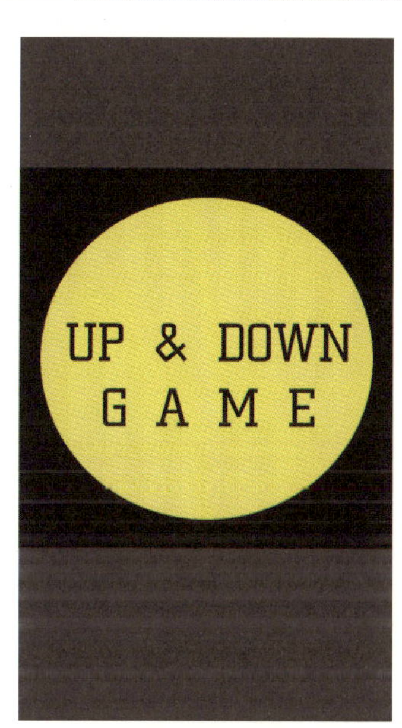

① 4~6명이 한 팀을 이룬다.
② 그중 1명이 술래가 되어 술래가 생각한 숫자를 메모장에 적는다(이때 적은 숫자를 다른 사람에게 보여 주지 않는다).
③ 술래의 왼쪽 사람부터 1에서 50까지의 숫자를 말한다.
④ 술래는 왼쪽 사람이 말한 숫자가 쪽지에 적혀 있는 숫자보다 큰 수이면 '업', 작은 수이면 '다운'이라고 말한다.
⑤ 참여자들 중 한 명이 쪽지의 숫자를 맞출 때까지 왼쪽 방향으로 돌아가며서 말한다.
⑥ 참여자 중 한 사람이 쪽지의 숫자를 맞히면 맞힌 사람은 '인디언밥' 벌칙을 받는다.
⑦ 벌칙을 받은 사람이 다시 술래가 되어 게임을 계속한다.

알 · 고 · 가 · 기

숫자를 계산하거나 비교할 수 있어요

① 술래가 알고 있는 숫자와 친구들이 말한 숫자가 일치하는지를 알기 위해서는 알고 있는 숫자가 말한 숫자보다 큰지, 작은지, 아니면 같은지를 파악해야 합니다.
② 이처럼 스크래치 프로그램에서도 숫자를 비교하여 판단할 수 있으며, 이를 이용하여 다양한 활동을 할 수 있습니다.

생각하는 힘 기르기

 퀴즈를 통해 사고력을 길러 봅시다.

1. 그림을 보고 스크래치 블록으로 연결해 봅시다.
2. 대답보다 큰 수, 작은 수, 같은 수를 비교하는 방법을 생각해 봅시다.

(정답 110쪽)

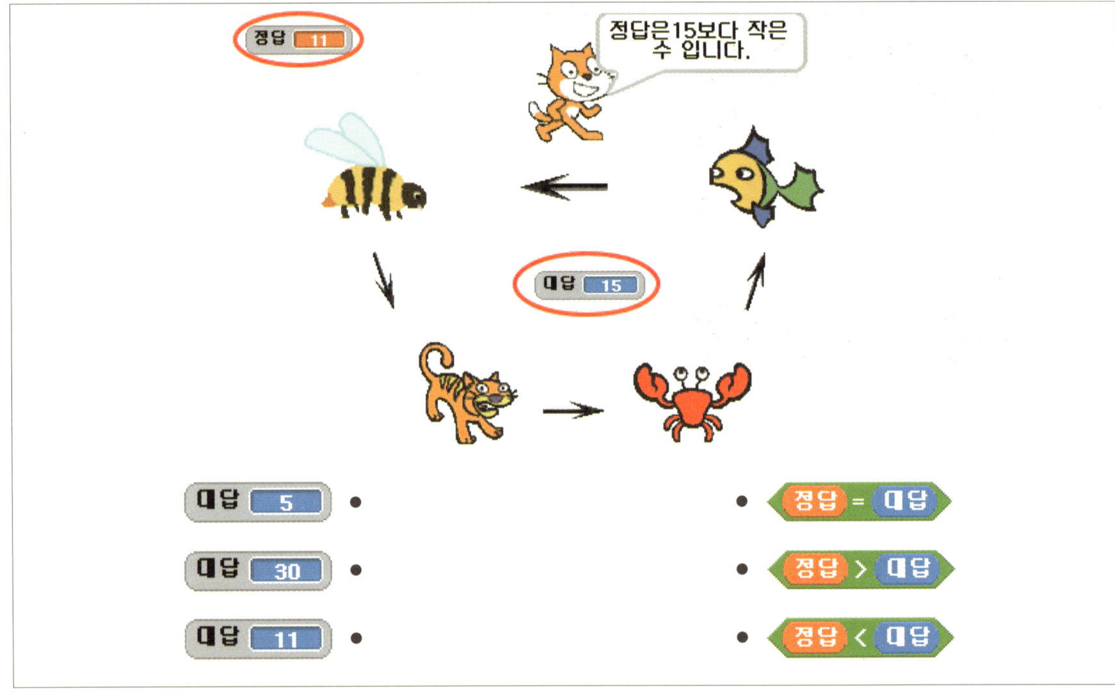

배움 세 스푼 ❶   컴퓨터로 활동하기

컴퓨터로 만들어 실행해 봅시다.

1. 스크래치 예제 파일을 열어 봅시다(14-1-S.sb2).
2. 연산 블록을 사용하여 숫자를 키보드로 입력하고, 입력한 숫자가 정답보다 큰지, 작은지, 같은지를 판단할 수 있도록 만들어 봅시다.
3. 스프라이트를 순서대로 클릭하면 숫자를 입력할 수 있는 창이 나타나는데, 그 창에 1부터 50까지의 숫자 중에 아무 숫자나 넣어 큰지, 작은지, 같은지를 판단합니다.

예시

비·법·소·스

① 스크래치에서 크기를 비교할 때 ◁ ▷ ，▷ ◁ ，= 등을 이용하여 양쪽의 값을 비교할 수 있습니다. 이 연산 블록을 만약 ◇ 라면 의 부분에 끼워 넣으면 조건문을 완성할 수 있습니다.

② 와 결합하기 를 이용하여 안에 있는 값들을 결합해 줍니다. 또한 결합하기를 여러 번 끼워 넣어 다양하게 사용할 수 있습니다(예 와 결합하기 와 결합하기).

컴퓨터로 만들어 실행해 봅시다.

1. 스크래치 예제 파일을 열어 봅시다(14-2-S.sb2).
2. 스크래치로 사칙연산 계산기 프로그램을 만들어 봅시다.

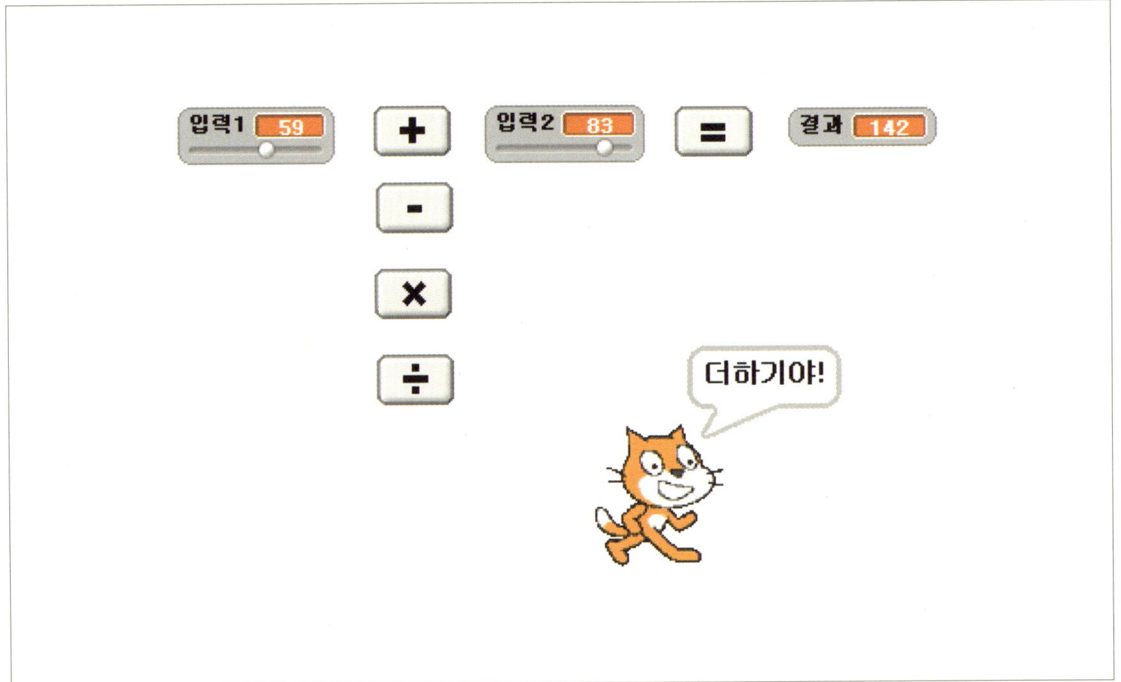

 도·전·과·제

① +, -, ×, ÷ 버튼을 누르면 계산이 되도록 프로그램을 완성해 봅시다(+ 버튼만 프로그래밍되어 있습니다. -, ×, ÷ 버튼을 완성하시오).

② +, -, ×, ÷ 버튼을 누르면 고양이가 각각 "더하기야!", "빼기야!", "곱하기야!", "나누기야!"라고 말할 수 있도록 프로그램을 완성해 봅시다(힌트! 방송하기 블록을 이용하시오).

6부

스크래치 음미하기 ②

✓ 배움 목표

1. 방송하기 블록(▼ 방송하기)을 이해할 수 있다.
2. 방송하기 블록(▼ 방송하기)을 활용하여 프로그램을 완성할 수 있다.

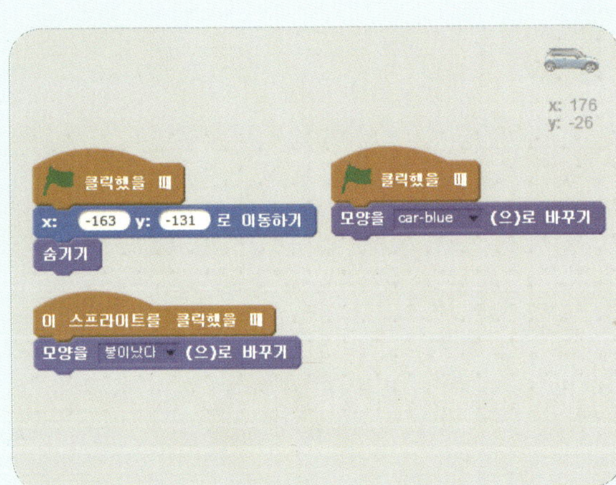

이번 시간에는 ▼ 방송하기 의 기능을 알고 활용해 봅시다.

같은 화면 안에 있는 스프라이트도 서로 신호를 주고받지 않으면

상대방의 상황을 알 수 없습니다. 다른 스프라이트와 연결해 사용

하려면 ▼ 방송하기 를 통해 신호를 보내고 message1 ▼ 을(를) 받았을 때 를

통해 신호를 받아 명령을 수행하게 됩니다.

▼ 방송하기 , message1 ▼ 을(를) 받았을 때 를 활용해 불이 난 자동차를 돕는

소방차를 출동시켜 봅시다.

게임 활동을 통해 프로그래밍을 이해하여 봅시다.

☞ **모둠 가위바위보 게임**

1. 모든 학생을 세 개의 역할로 나눕니다(가위, 바위, 보).
2. 학생 중 한 명이 대표가 되어 선생님과 가위바위보 게임을 합니다.
3. 대표는 친구들을 등지고 선생님과 게임을 실시하며, 대표는 교체 가능합니다.
4. 대표가 친구들에게 '가위'로 졌을 경우 '가위'를, '바위'로 졌을 경우 '바위'를, '보'로 졌을 경우 '보'를 외칩니다.
5. '가위'를 외칠 경우, 가위 역할을 맡은 학생은 자리에서 다섯 번 앉았다 일어납니다. '바위' 또는 '보'를 외칠 경우에도 각자 맡은 역할의 학생이 자리에서 다섯 번 앉았다 일어납니다.
6. 다섯 번 앉았다 일어나는 행동이 종료되어야 가위바위보 게임을 다시 진행합니다.
7. 대표가 열 번을 이기면 게임이 종료됩니다.

알·고·가·기

이 게임에는 어떤 의미가 있을까요?

① 대표가 가위바위보 게임을 하고 그 결과를 모두에게 알리는 것처럼 스크래치에서는 ▼ 방송하기 를 사용하여 정해진 상황이 발생했을 때, 모든 스프라이트에게 상황이 발생했음을 알리는 기능입니다.

② ▼ 방송하기 를 사용하여 방송을 하였을 때나 방송을 받았을 때 정해진 행동이나 말을 하도록 프로그래밍할 수 있습니다.

③ 방송을 하였을 때 원하는 스프라이트가 정해진 행동이나 말을 하려면 방송받기 블록(▼ 을(를) 받았을 때)을 사용하여 원하는 스프라이트의 행동과 말을 지정해 줍니다.

 퀴즈를 통해 사고력을 길러 봅시다.

1. 그림을 보고, 문장으로 설명하고 스크래치 블록으로 연결해 봅시다.
2. 방송하기와 방송받기의 기능을 생각해 봅시다.

만약 _______때, •

• 불 ▼ 방송하기

• 불 ▼ 을(를) 받았을 때

방송하기 •

• 만약 〈 〉 라면

• 소방차 출동! 말하기

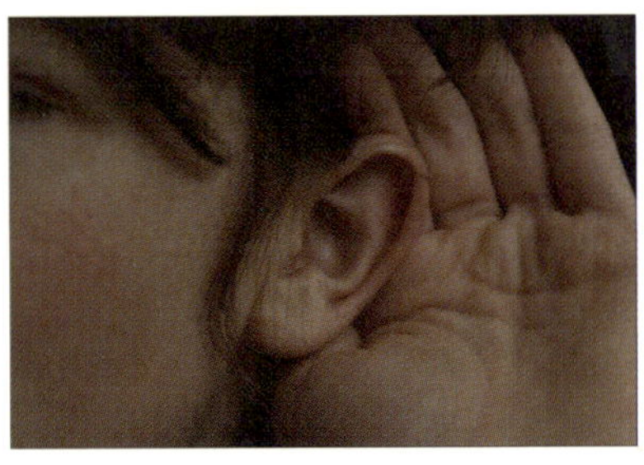

방송받기 •

• 불 ▼ 방송하기

• 불 ▼ 을(를) 받았을 때

(이)라고 말한다. •

• 만약 〈 〉 라면

• 소방차 출동! 말하기

배움 세 스푼 **컴퓨터로 활동하기**

컴퓨터로 만들어 실행해 봅시다.

1. 스크래치 예제 파일을 열어봅시다(15-1-S.sb2).
2. [▼ 방송하기] 를 사용하여 자동차를 클릭하여 불이 났을 때 소방차가 출동하는 프로그램을 만들어 봅시다.

 비 · 법 · 소 · 스

① 불이 난 장면을 차의 모양으로 준비하여 제시할 수 있습니다.

② [▼ 방송하기] 를 사용하여 방송의 이름을 만들 수 있으며, [▼ 을(를) 받았을 때] 를 사용하여 방송을 받을 스프라이트를 결정할 수 있습니다.

16단원 방송하기 ❷

✔ 배움 목표

1. 방송하기 블록(▼ 방송하기)을 이해할 수 있다.
2. 방송하기 블록(▼ 방송하기)을 활용해 프로그램을 완성할 수 있다.

이번 시간에는 ▼ 방송하기 의 기능을 알고 활용해 봅시다.

지난 시간에 배운 ▼ 방송하기 와 message1 ▼ 을(를) 받았을 때 를 활용하면

스프라이트 사이에 대화를 만들거나 한 편의 이야기를 만들 수

있습니다. ▼ 방송하기 및 message1 ▼ 을(를) 받았을 때 를 사용하여 상황에

따른 스토리를 상상하고 나만의 이야기를 완성해 봅시다.

컴퓨터 없이 활동하기

게임 활동을 통해 프로그래밍을 이해하여 봅시다.

☞ '모둠별 제로' 게임

1. 네 명씩 한 모둠을 만듭니다.
2. 각각의 모둠은 두 팔을 모두 사용하여 제로 게임에 참여할 수 있습니다.
3. 모둠은 순서대로 돌아가며 0부터 8까지의 숫자를 한 번씩 말합니다.
4. 숫자를 말한 모둠을 제외한 다른 모둠은 모둠원의 팔을 모두 이용하여 제시된 숫자만큼 팔을 올립니다.
5. 가장 늦게 완성하거나 팔의 숫자가 다를 경우 모둠은 탈락되며, 가장 오래 살아남은 모둠이 우승입니다.

※ 예를 들어 한 모둠이 "5"라고 외치면 다른 모둠은 네 명의 팔 중 다섯 개의 팔을 재빨리 들어야만 살아남을 수 있습니다.

① 게임을 하기 위해 모둠별로 준비해 봅시다.
② 모둠원의 역할을 나눠 약속해 봅시다.

	1을 외칠 때	2를 외칠 때	3을 외칠 때	4를 외칠 때	5를 외칠 때	6을 외칠 때	7을 외칠 때
모둠원 1							
모둠원 2							
모둠원 3							
모둠원 4							

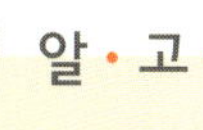 알·고·가·기

하나의 방송으로 다양한 말과 행동을 시작할 수 있어요

① 위의 게임과 같이 신호에 맞춰 여러 가지 정해진 말과 행동이 동시에 시작되어야 하는 경우가 있습니다.

② 스크래치의 ▨ 방송하기 와 ▨ message1 ▼ 을(를) 받았을 때 를 통해 방송을 받은 스프라이트의 말이나 행동을 다양하게 정할 수 있습니다.

프로그래밍 과정을 상상하며 사고력을 길러 봅시다.

1. 그림을 보고 질문에 대답해 봅시다.
2. 방송하기와 방송받기의 기능을 생각해 봅시다.

☞ 마을에 갑자기 빗자루를 탄 마법사가 나타났습니다. 세 사람은 각각 무슨 말을 했을까요?

☞ 세 사람이 주고받을 말을 상상하여 대화로 만들어 봅시다.
　(예 어느 날 세 친구는 하늘에 날아다니는 마법사를 보았다.)

☞ 세 사람이 대화를 주고받는 형식으로 하려면 어떤 방법을 써야 할지 적어 봅시다.

컴퓨터로 활동하기

컴퓨터로 만들어 실행해 봅시다.

1. 스크래치 예제 파일을 열어 봅시다(16–1–S.sb2).
2. ▼ 방송하기 를 사용하여 마법사가 나타났을 때 세 명의 대화를 완성해 봅시다.

 비·법·소·스

1. ▼ 방송하기 를 사용하여 방송의 이름을 만들 수 있으며, ▼ 을(를) 받았을 때 를 사용하여 방송을 받을 스프라이트를 결정할 수 있습니다.
2. ▼ 방송하기 를 사용할 때는 다른 스프라이트의 약속된 말과 행동이 등장할 상황 및 시간을 고려해 블록을 삽입합니다.

1. 변수 블록을 이해할 수 있다.
2. 변수 블록을 활용하여 프로그램을 완성할 수 있다.

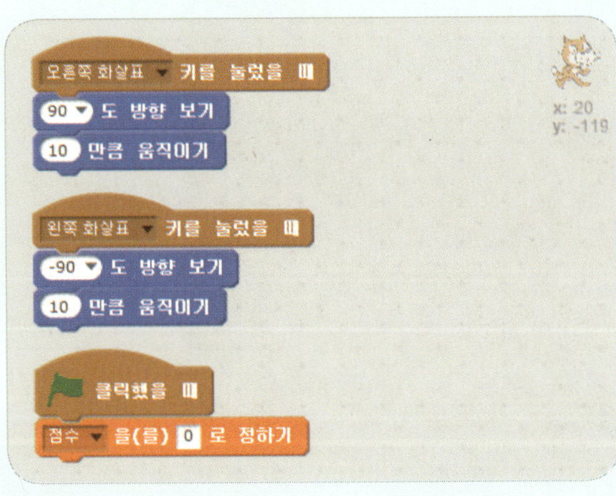

이번 시간에는 변수 블록의 기능을 알고 활용해 봅시다. 변수 블록은 여러분이 정하는 숫자나 문자를 기억하는 블록입니다. 변수 블록에 활용하면 게임 활동에 점수를 만들어 저장하거나 도전 기회 횟수를 정하는 등 다양한 프로그래밍이 가능합니다. 변수 블록을 활용하여 나만의 게임 만들기에 도전해 보세요.

게임 활동을 통해 프로그래밍을 이해하여 봅시다.

☞ 어떤 게임이 재미있을까요?

1. 스크래치 예제 파일을 열어 봅시다(17-1-S.sb2).
2. 게임을 실행해 봅시다.

위 게임을 좀 더 재미있게 만드는 데는 어떤 방법들이 있는지 이야기해 봅시다.

알 · 고 · 가 · 기

게임에 다양한 재미 요소를 넣어 보세요

① 게임을 재미있게 만들기 위해 대부분의 게임에는 점수, 목숨 등이 존재합니다.

② 스크래치에서는 점수를 표현하기 위해 '변수'를 활용할 수 있습니다.

③ 스크래치에서 '변수'는 숫자와 문자 등을 보관할 수 있는 보관 상자라고 생각하면 이해하기 쉽습니다.

그림에 알맞는 블록을 연결해 봅시다.

1. 그림을 보고, 글로 나타내 봅시다.

2. 그림에 알맞은 스크래치 블록은 무엇인지 선으로 연결해 봅시다.

(정답 112쪽)

①

바나나가 만약

__________ 때,

__________ 다.

②

똥이 만약

__________ 때,

__________ 다.

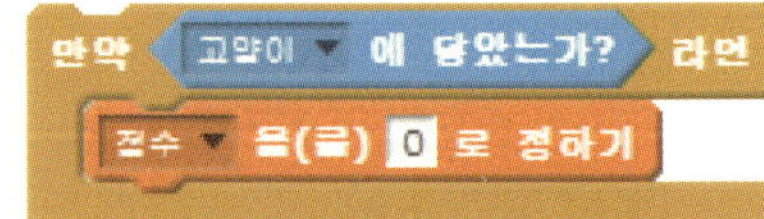

① 스크립트에서 **데이터** 를 클릭합니다.

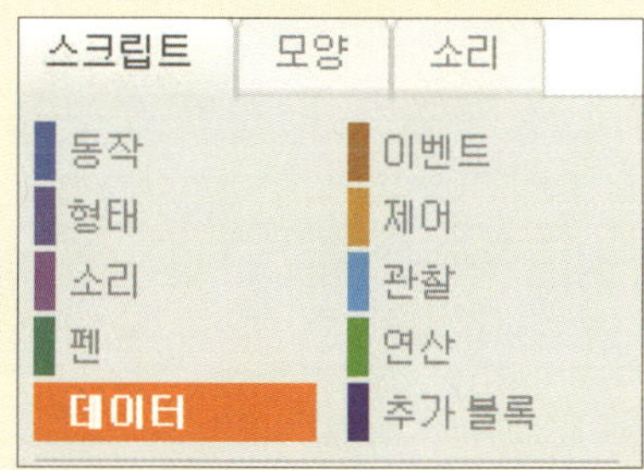

② '데이터'에서 **변수 만들기** 버튼을 클릭하여 위와 같은 화면이 나타나면, 변수 이름을 정하여 입력합니다.

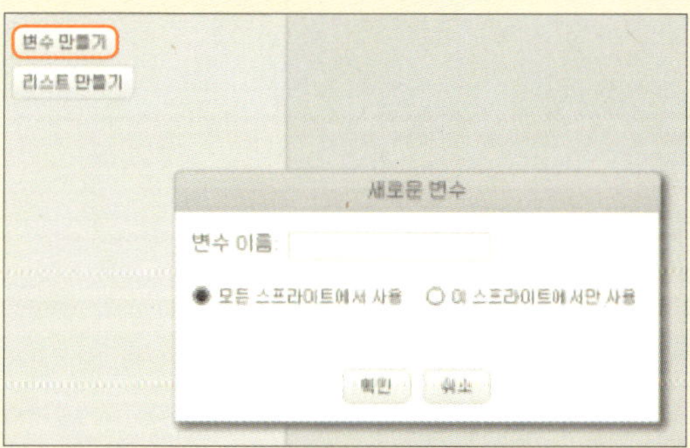
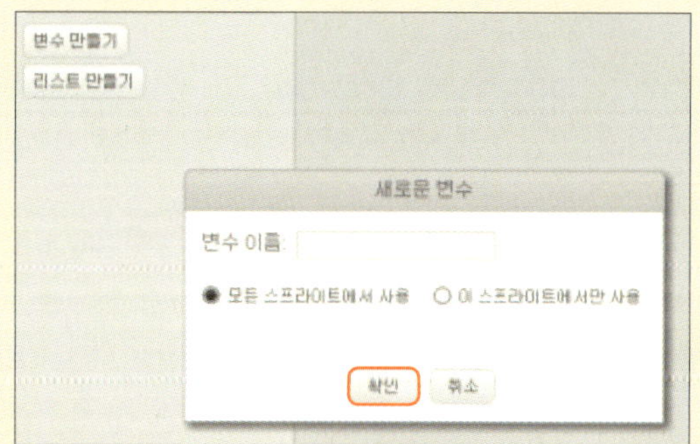

③ **확인** 버튼을 누르면 다음과 같은 새로운 변수가 만들어집니다.

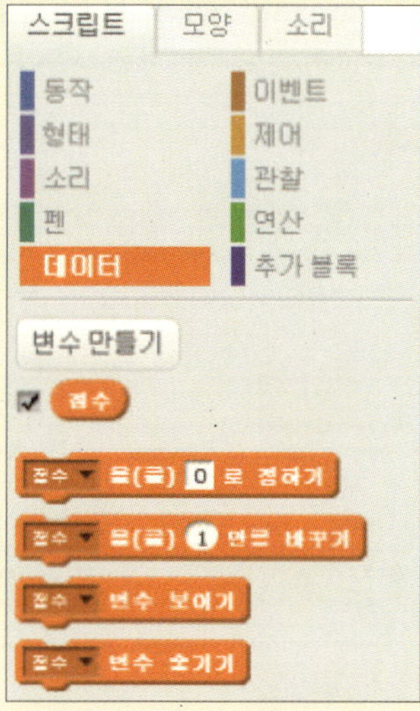

컴퓨터로 활동하기

 컴퓨터로 만들어 실행해 봅시다.

1. 스크래치 예제 파일을 열어 봅시다(17-1-S.sb2).
2. 기존에 있는 스크립트를 활용하여 점수가 올라가거나 떨어지는 '똥 피하기' 게임을 만들어 봅시다.

1단계 바나나를 먹으면 점수가 올라가도록 프로그래밍해 봅시다.

2단계 공을 먹으면 점수가 떨어지도록 프로그래밍해 봅시다.

3단계 똥을 먹으면 점수가 0점이 되도록 프로그래밍해 봅시다.

 퀴즈를 통해 사고력을 길러 봅시다.

1. 앞의 '배움 세 스푼 1'에서 만든 게임을 업그레이드할 수 있는 방법을 생각해 봅시다.

2. 점수가 '5점'이 넘었을 때, 좀 더 어려운 2단계로 넘어갈 수 있도록 업그레이드해 봅시다.

3. 목숨이 '0'이 되었을 때, Game Over가 되도록 업그레이드해 봅시다.

(정답 112쪽)

1단계 점수가 '5점'이 넘었을 때, 좀 더 어려운 2단계로 넘어갈 수 있도록 업그레이드하고자 합니다. 프로그래밍의 순서를 명령 블록과 연결해 봅시다.

첫 번째	만약 점수가 '5점'이 넘는다면	배경을 2단계 (으)로 바꾸기
두 번째	배경이 2단계 배경으로 바뀐다	y좌표를 -5 만큼 바꾸기
세 번째	2단계를 방송한다.	만약 점수 > 5 라면
네 번째	바나나, 똥, 공이 내려오는 속도가 빨라진다.	2단계 을(를) 받았을 때
다섯 번째	2단계 방송을 받으면	2단계 방송하기

 목숨이 '0'이 되었을 때, Game Over(게임 종료)가 되도록 업그레이드하고자 합니다. 프로그래밍의 순서를 명령 블록과 연결해 봅시다.

(정답 113쪽)

첫 번째	• •	배경이 Game Over로 바뀐다	• •	 배경을 game over ▾ (으)로 바꾸기
두 번째	• •	만약 목숨이 '0점'이 된다면	• •	 game over ▾ 을(를) 받았을 때
세 번째	• •	바나나, 똥, 공이 모두 사라지면서 스크립트가 모두 멈춘다.	• •	소리기 / 모두 ▾ 멈추기
네 번째	• •	Game Over를 방송한다.	• •	 만약 목소 = 0 라면
다섯 번째	• •	목숨은 5점으로 시작한다.	• •	 목숨 ▾ 을(를) 5 로 정하기
여섯 번째	• •	Game Over 방송을 받으면	• •	 game over ▾ 방송하기

알·고·가·기

변수는 다양하게 활용할 수 있어요

1. 하나의 스크래치 파일에 여러 개의 변수를 만들어 활용할 수 있습니다.

2. 위와 같이 게임을 재미있게 만들기 위해 새로운 변수인 **목소** 을 만들어 사용할 수 있습니다.

3. 변수는 연산(▢ < ▢ , ▢ = ▢ , ▢ > ▢), 방송(▾ 방송하기 , ▾ 을(를) 받았을 때) 등과 결합하여 다양하게 활용할 수 있습니다.

 컴퓨터로 만들어 실행해 봅시다.

1. '배움 두 스푼 2'에서 생각해 본 게임을 직접 만들어 봅시다.

 도 · 전 · 과 · 제

나만의 방법으로 게임을 업그레이드해 봅시다.

19단원 변수 리스트 작성하기

1. 변수 리스트 블록을 이해할 수 있다.
2. 변수 리스트 블록을 활용하여 프로그램을 완성할 수 있다.

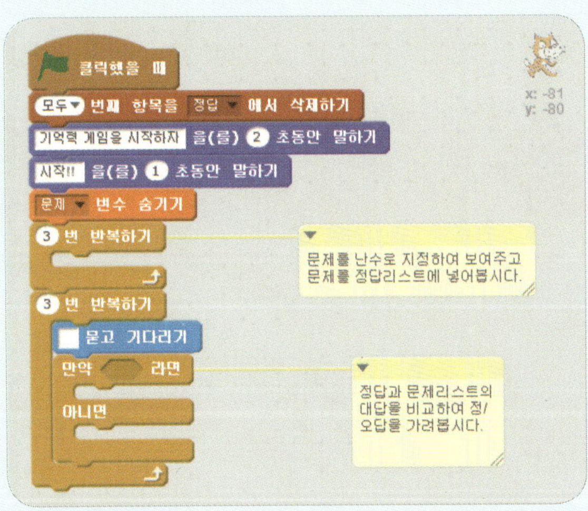

이번 시간에는 변수 리스트 블록의 기능을 알고 활용해 봅시다. 변수 리스트 블록은 여러분이 정한 변수를 목록으로 정리하여 저장하는 곳입니다. 변수로 저장하고 싶은 숫자나 문자를 차곡차곡 서랍에 넣듯이 정리해두면 용도에 따라 다양하게 사용할 수 있습니다. 변수 리스트를 활용하여 기억력 테스트를 진행해 보세요.

컴퓨터 없이 활동하기

게임 활동을 통해 프로그래밍을 이해하여 봅시다.

☞ **기억력 게임**

1. 두 명씩 짝을 지어 실시합니다.
2. 개인은 각각 1~99 중 원하는 숫자 세 개를 종이에 차례대로 적습니다.
3. 적은 종이의 숫자를 보여 주지 않고 차례대로 짝에게 불러 줍니다.
4. 짝은 불러 준 숫자를 기억한 후 차례대로 이야기합니다.
5. 짝끼리 차례대로 문제를 제시합니다.

※ 숫자를 부르는 순서가 틀릴 경우에도 '실패'입니다.

알·고·가·기

다양한 변수는 리스트에 넣어 기억해요

① 위의 게임과 같이 여러 개의 숫자를 불러 주거나 맞혀야 하는 게임에서는 정확한 수와 순서가 매우 중요합니다. 이를 위해 여러분이 종이에 순서 대로 적어 두는 것처럼 스크래치에서도 여러 개의 데이터를 저장할 수 있습니다.

② 하나의 데이터를 저장하는 것을 '변수'라고 하며, 위의 게임처럼 여러 개의 변수를 사용하거나 저장하여 활용할 때는 변수 리스트를 사용합니다.

① 스크립트에서 데이터 – 리스트 만들기를 클릭합니다.

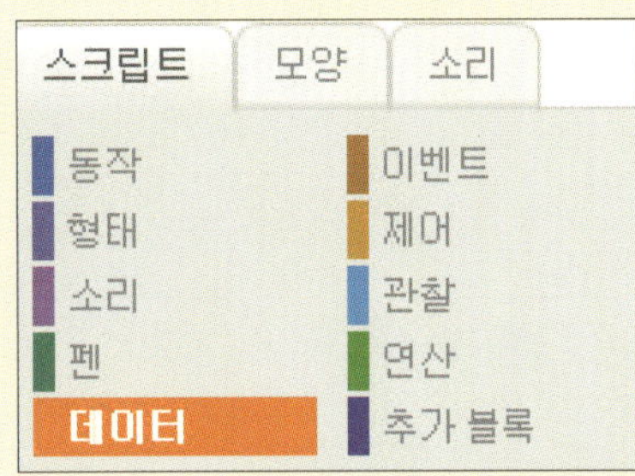

② 아래와 같은 화면이 나타나면, 변수 리스트 이름을 정하여 입력합니다(예시).

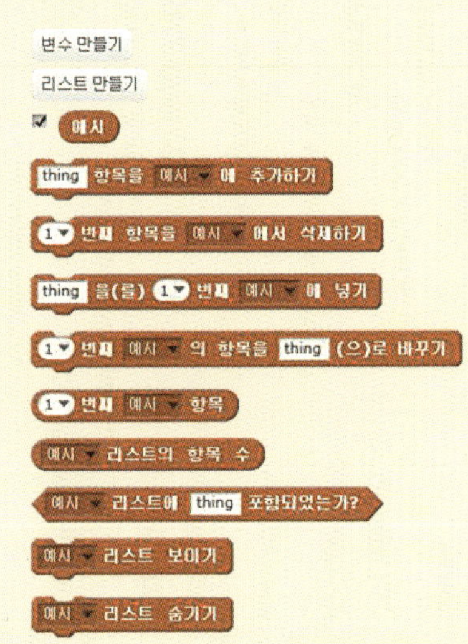

변수 리스트에 아이템을 추가합니다(리스트에 1번부터 차례대로 추가됨).

리스트의 위치를 지정하여 추가할 수 있습니다.

리스트의 위치를 지정하거나 모든 항목을 삭제할 수 있습니다.

포함 여부를 검색하여 프로그래밍에 활용할 수 있습니다.

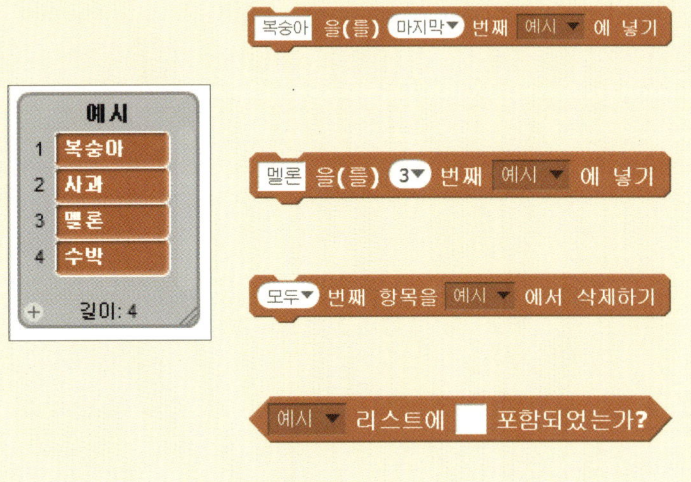

배움 두 스푼 생각하는 힘 기르기

퀴즈를 통해 사고력을 길러 봅시다.

1. 프로그래밍의 순서를 생각해 봅시다.
2. 프로그래밍의 순서를 명령 블록과 연결해 봅시다.

첫 번째	• •	대답 묻기	• •	문제 을(를) 1 부터 99 사이의 난수 로 정하기
두 번째	• •	대답과 정답 리스트에 숫자 비교하기	• •	만약 대답 = 1▼ 번째 정답▼ 항목 라면
세 번째	• •	대답이 정답인지 말해 주기	• •	잘하는데..^^ 을(를) 2 초동안 말하기 / 틀렸습니다. 을(를) 2 초동안 말하기
네 번째	• •	문제로 제시한 숫자를 정답 리스트에 넣기	• •	순서대로 하나씩 쓰시오. 묻고 기다리기
다섯 번째	• •	무작위 숫자 제시하기 (문제 제시)	• •	문제 을(를) 마지막▼ 번째 정답▼ 에 넣기

컴퓨터로 활동하기

 고양이가 수를 제시하고 기억하여 맞히는 게임을 만들어 봅시다.

1. 스크래치 예제 파일을 열어 봅시다(19–1–S.sb2).
2. 고양이가 세 개의 난수를 제시하고 이를 기억하여 순서대로 맞히는 게임을 만들어 봅시다.

 비·법·소·스

1. 난수의 범위(0 부터 0 사이의 난수)를 결정하여 변수(문제)에 저장하면 매번 다른 문제를 만들 수 있습니다.
2. 문제의 순서대로 리스트에 저장하기 위해서는 □을(를) 마지막▼ 번째 정답▼ 에 넣기 를 활용합니다.
3. 정답 리스트의 첫 번째 아이템과 비교할 때는 1▼ 번째 정답▼ 항목 을 활용합니다.

7부

스크래치 요리하기 ②

떠나요, 꿈씨월드로

20단원 떠나요, 꿈씨월드로

1. 나만의 스크래치 프로그램을 완성할 수 있다.

지금까지 배운 스크래치의 내용을 떠올리며 여러분만의 최종 작품을 완성해 봅시다. 스크래치는 여러분이 상상하는 모든 것을 만들어 낼 수 있습니다. 불가능하다고 생각하지 말고 차례차례 다양하게 생각하며 스크래치를 완성해 보세요. 여러분은 분명 훌륭하게 해낼 것이라 믿습니다.

컴퓨터 없이 활동하기

☞ 지금까지의 스크래치 프로그램 중에서 기억에 남는 것은 무엇인가요?

	주제	기억에 남는 부분

〈친구의 작품 제목〉	〈재미있는 부분〉	〈새로운 아이디어〉

 꿈씨 프로그램을 만들어 봅시다.

① 꿈씨 프로그램 개요를 만들어 봅시다.

② 스프라이트와 필요한 준비물 아이디어를 떠올려 봅시다.

③ 프로그램 진행 순서를 요약해 글과 그림으로 나타내 봅시다.

7부. 스크래치 요리하기 ❷

④ 꿈씨 프로그램을 만들고 검토해 봅시다.

〈처음 계획과 비교하면?〉　　〈가장 마음에 드는 점은?〉　　〈고치고 싶은 점은?〉

⑤ 만든 프로그램을 친구들과 공유하고 이야기를 나눠 봅시다.

부록 1 배움 두 스푼(생각하는 힘 기르기) & 비법 소스 모범 답안

1단원 스크래치, 넌 누구니?

본문 13쪽

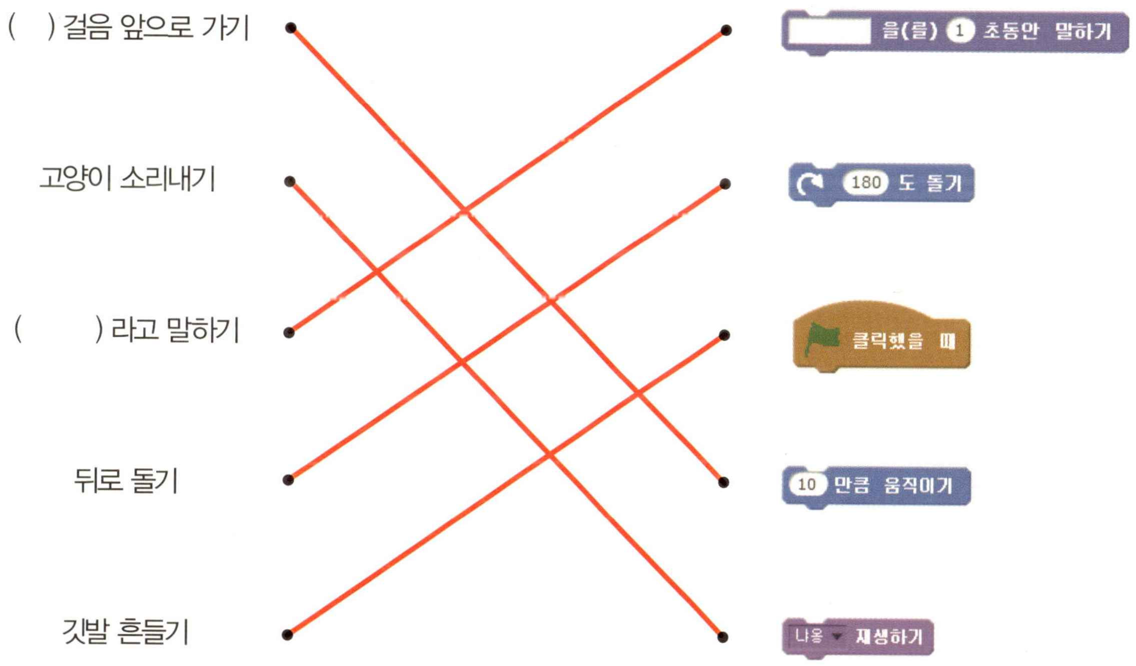

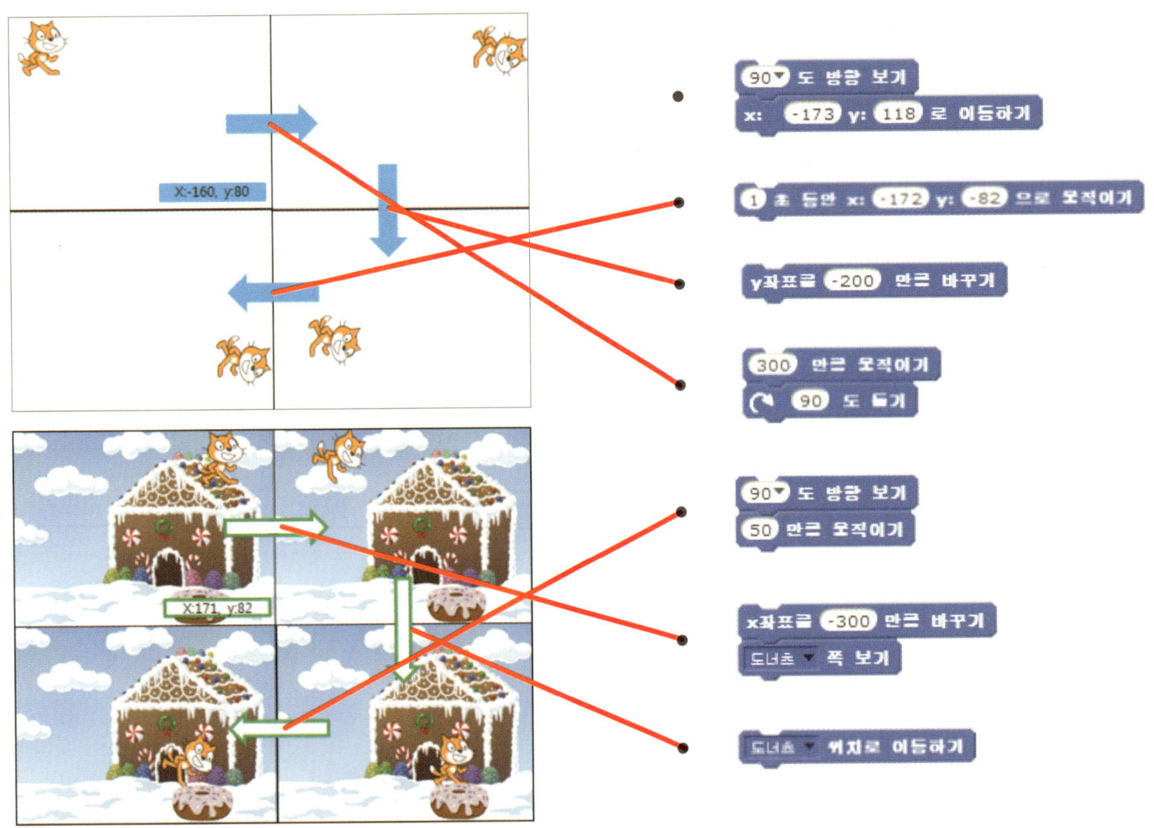

4단원 나를 따르라!　　　　　　　　본문 29쪽

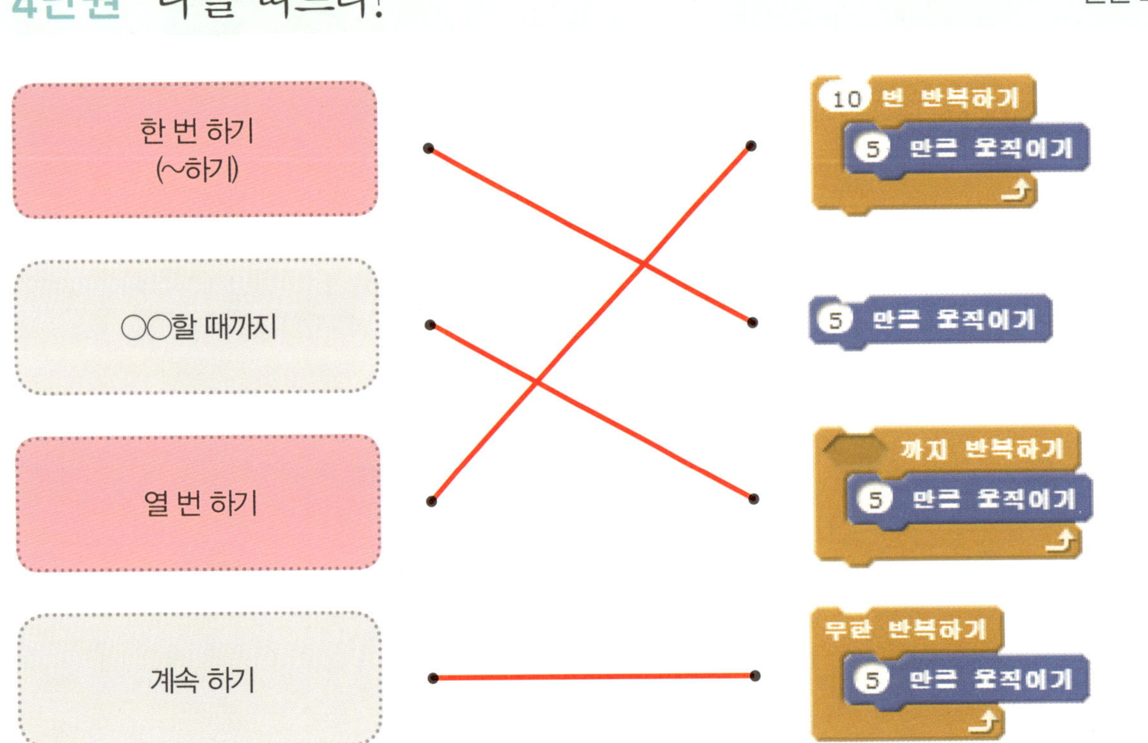

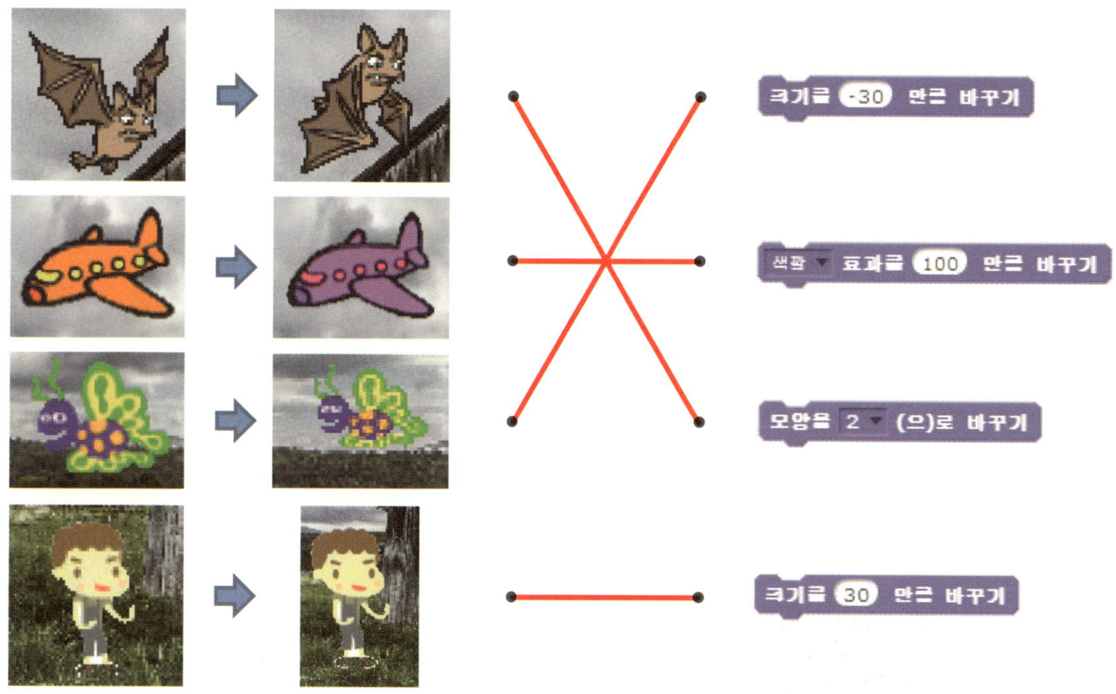

6~7단원 조건문 이해하기

☞ 글로 나타내 봅시다.

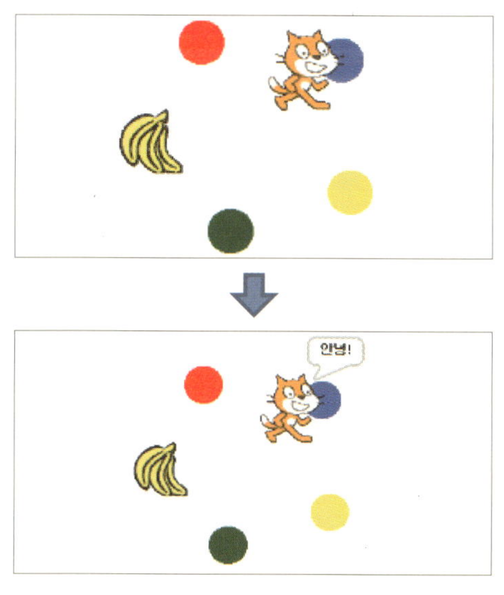

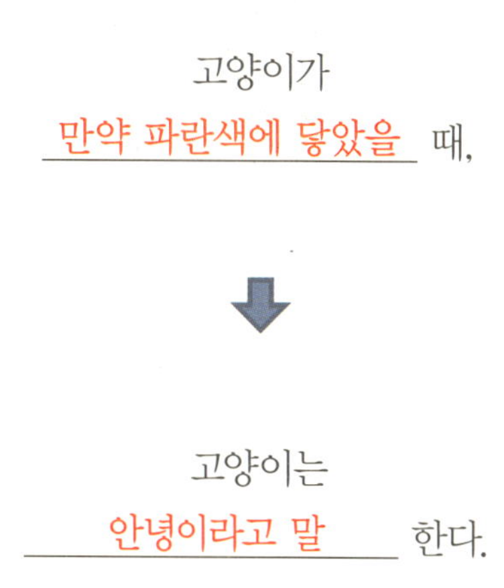

고양이가
__만약 파란색에 닿았을__ 때,

⬇

고양이는
__안녕이라고 말__ 한다.

☞ 알맞은 스크래치 블록을 선으로 연결해 봅시다.

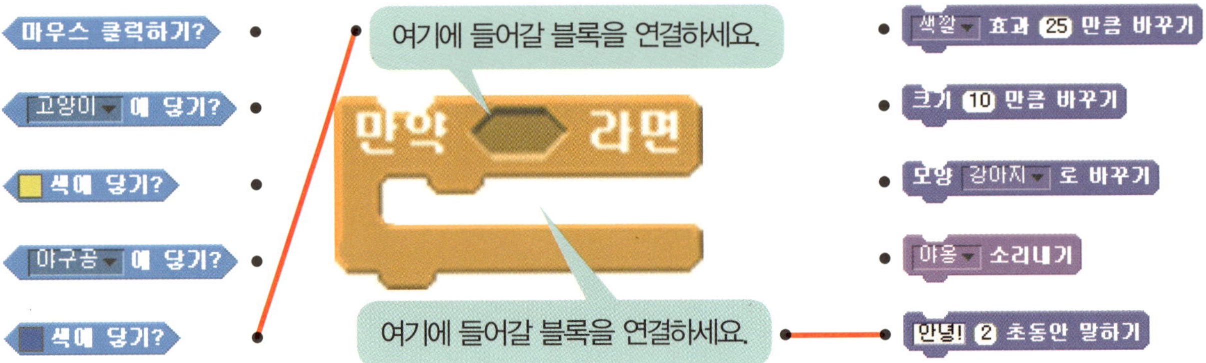

8단원　현관문 잠금 장치 만들기　본문 47쪽

☞ 글로 나타내 봅시다.

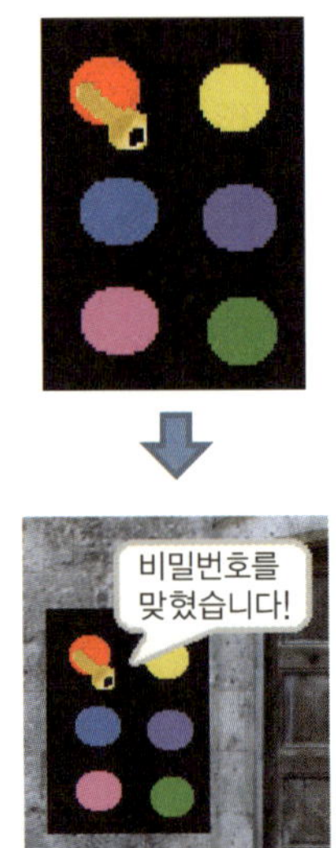

열쇠가 만약 **빨간색에 닿았을** 때,

비밀번호를 맞혔습니다 라고 한다.

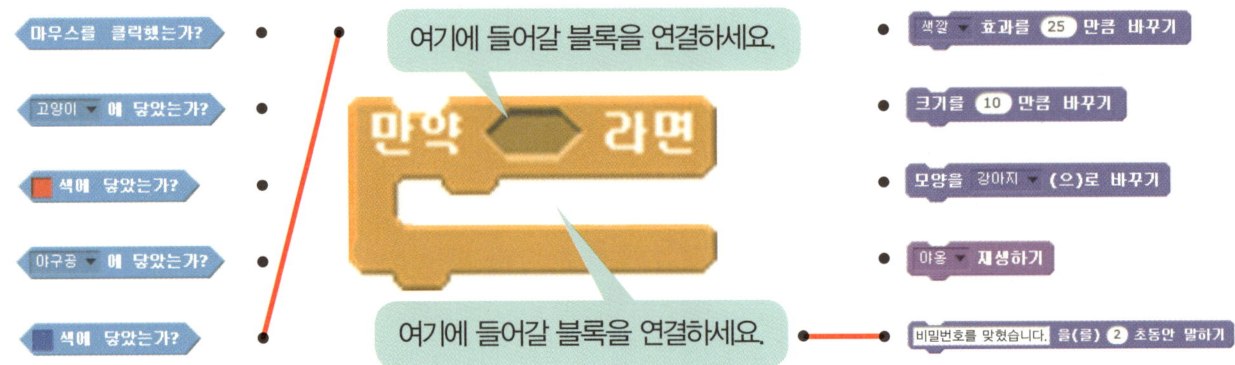

☞ 글로 나타내 봅시다.   본문 48쪽

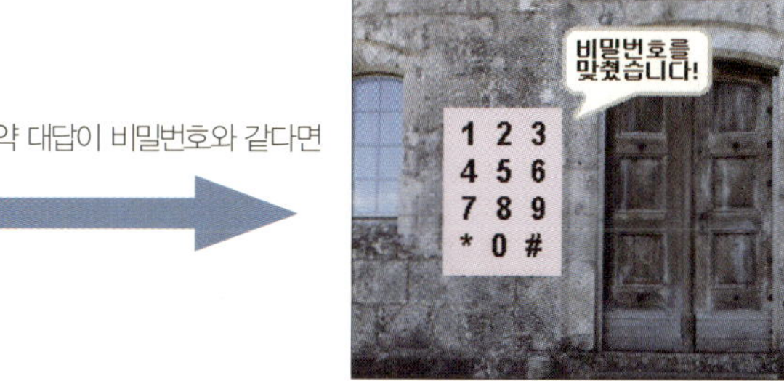

만약 대답이 비밀번호와 같다면

<u>2단계 비밀번호</u> 을(를) 묻고 대답을 기다린다.

<u>비밀번호를 맞혔습니다.</u> 라고 말한다.

만약 대답이 비밀번호와 같지 않다면

모양이 <u>위험 표시</u> 로 바뀌면서,

<u>침입자 발생을</u> 말한다.

☞ 어떤 스크래치 블록과 연결해야 할까요?

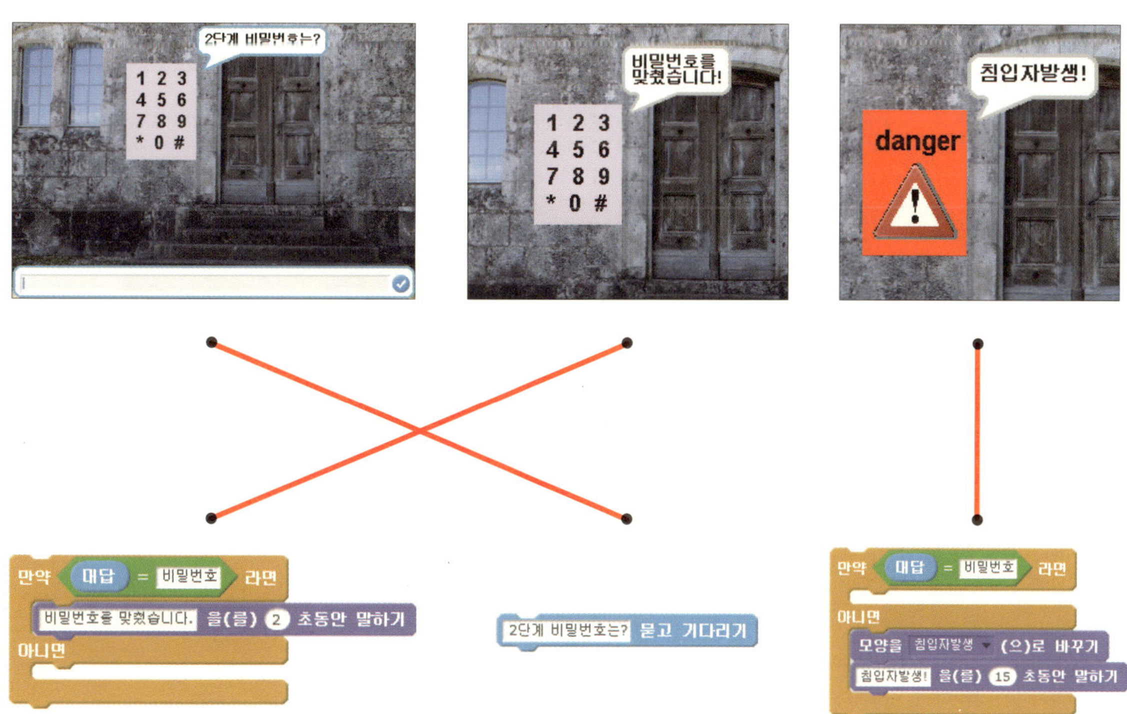

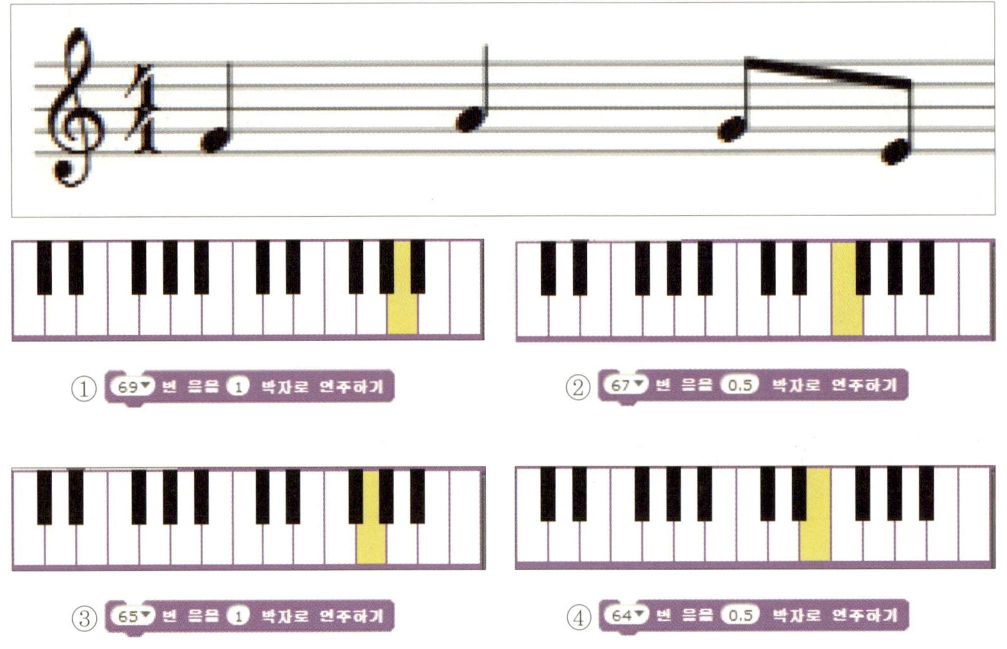

위 음표대로 연주할 수 있도록 맞는 블록을 찾아 차례대로 번호를 쓴 다음,

(③) – (①) – (②) – (④)

연결한 대로 만들고 확인해 봅시다.

정답을 맞추고 생각해 보세요.

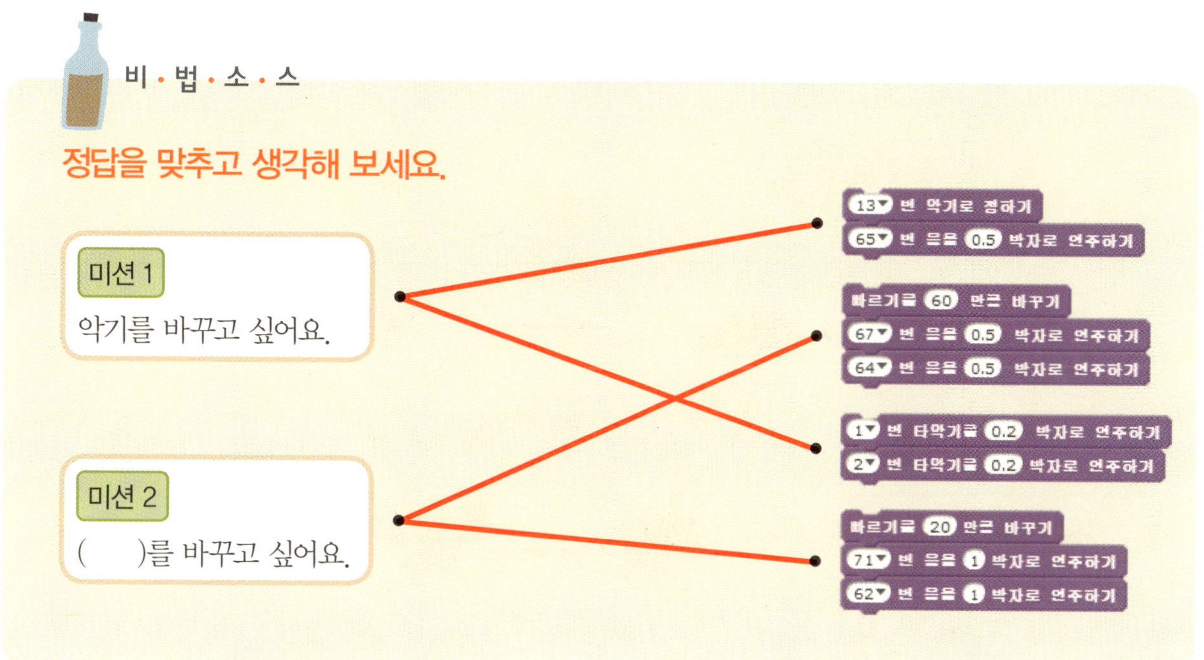

13단원 펜 그리기

본문 67쪽

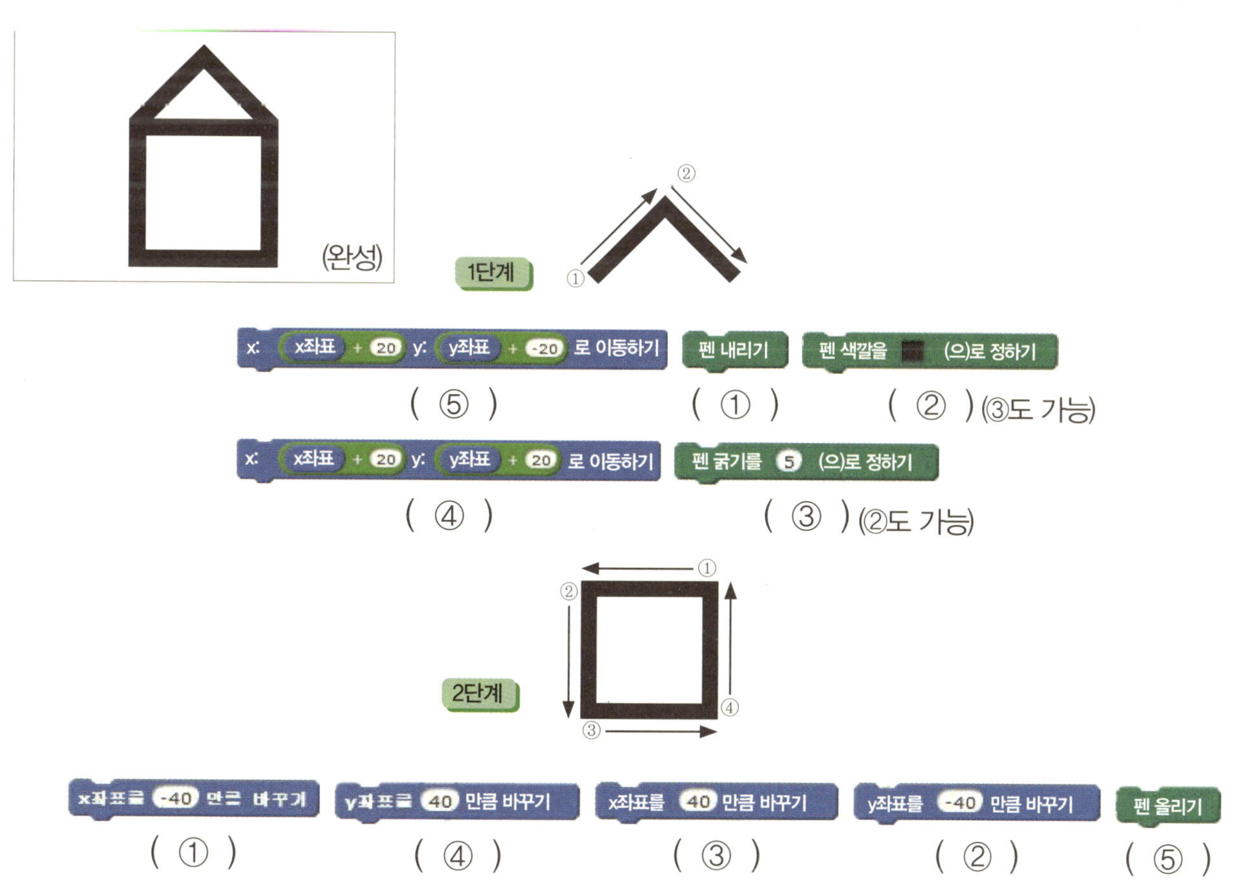

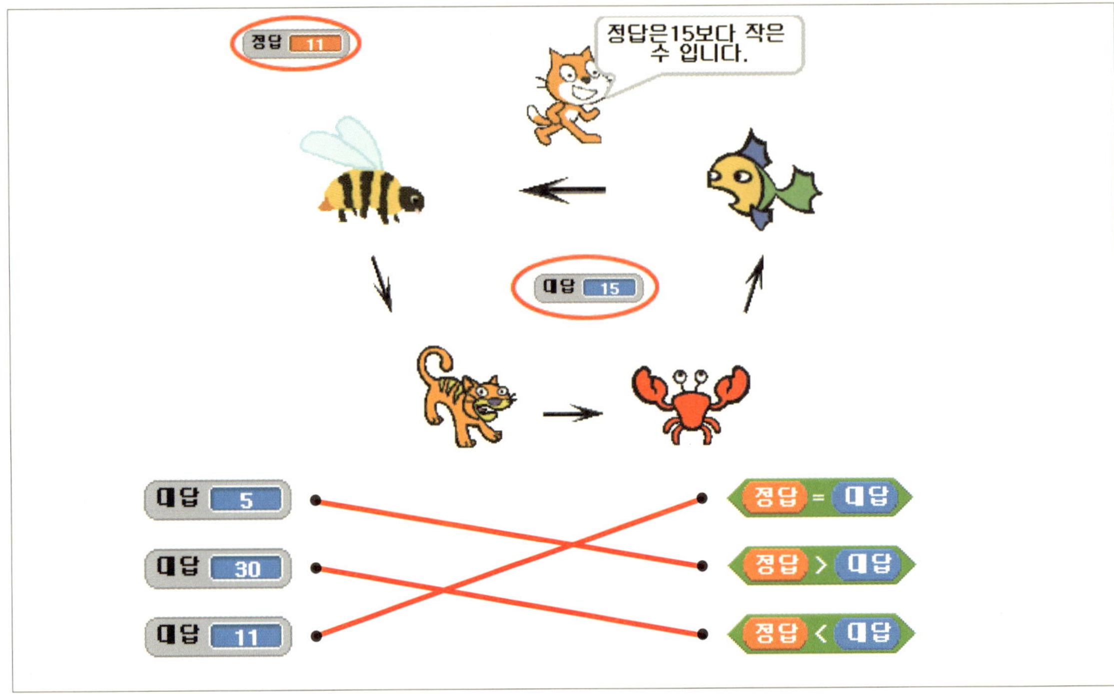
정답 11
정답은15보다 작은 수 입니다.
대답 15
대답 5
대답 30
대답 11
정답 = 대답
정답 > 대답
정답 < 대답

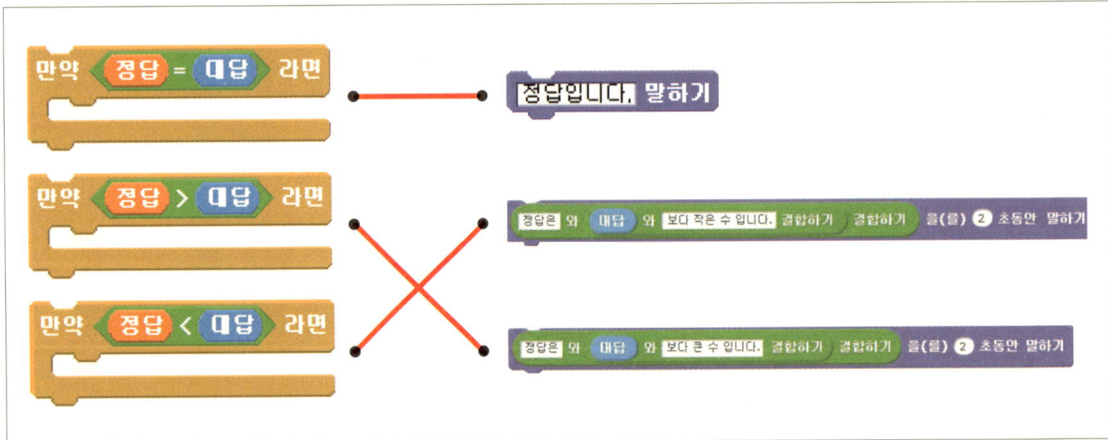
만약 정답 = 대답 라면
만약 정답 > 대답 라면
만약 정답 < 대답 라면
정답입니다. 말하기
정답은 와 대답 와 보다 작은 수 입니다. 결합하기 결합하기 을(를) 2 초동안 말하기
정답은 와 대답 와 보다 큰 수 입니다. 결합하기 결합하기 을(를) 2 초동안 말하기

만약 불이 났을 때,
방송하기
방송받기
소방차 출동!
(이)라고 말한다.
불 ▼ 방송하기
물 ▼ 을(를) 받았을 때
만약 라면
소방차 출동! 말하기
불 ▼ 방송하기
불 ▼ 을(를) 받았을 때
만약 라면
소방차 출동! 말하기

①
점수 0
점수 1
바나나가 만약
고양이에 닿을때,
1점을 얻는다.
만약 고양이 ▼ 에 닿았는가? 라면
점수 ▼ 을(를) 1 만큼 바꾸기
②
점수 5
점수 0
똥이 만약
고양이에 닿을때,
점수를 모두 잃는다.
만약 고양이 ▼ 에 닿았는가? 라면
점수 ▼ 을(를) 0 로 정하기
만약 고양이 ▼ 에 닿았는가? 라면
점수 ▼ 을(를) -1 만큼 바꾸기

점수가 '5점'이 넘었을 때, 좀 더 어려워진 2단계로 넘어갈 수 있도록 업그레이드 하고자 합니다.
프로그래밍의 순서를 명령블록과 연결해 봅시다. (본문 89쪽)

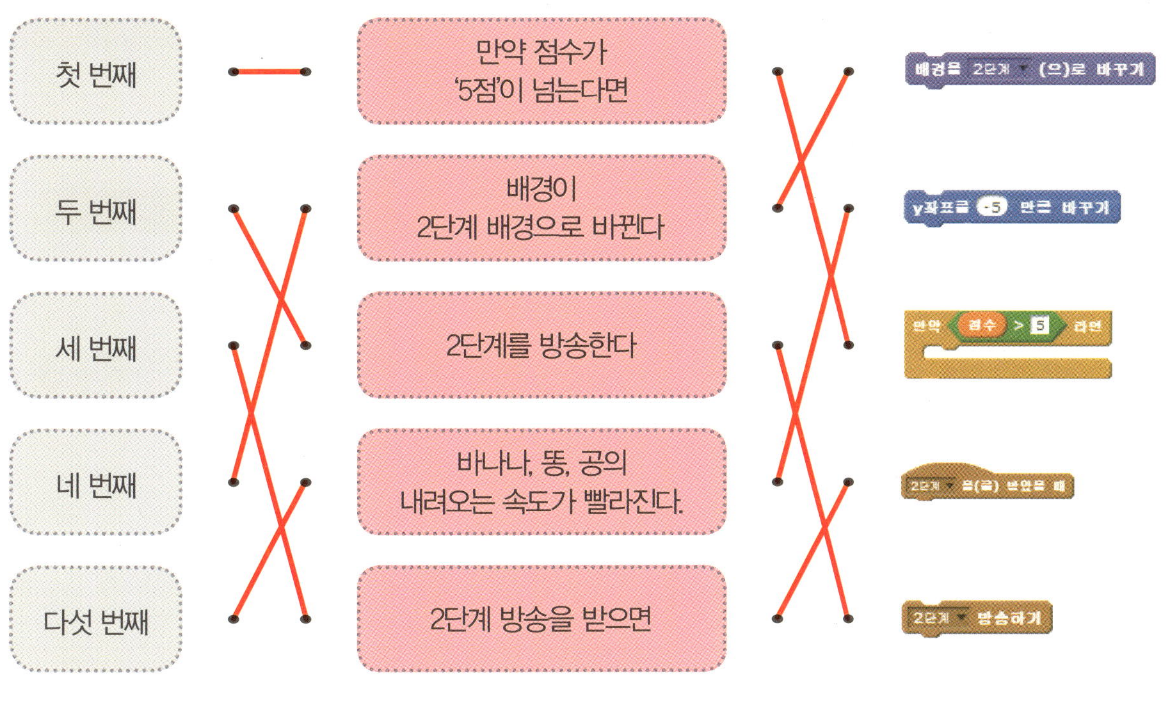

목숨이 '0'이 되었을 때, GAME OVER가 되도록 업그레이드하고자 합니다. 프로그래밍의 순서를 명령
블록과 연결해 봅시다. (본문 90쪽)

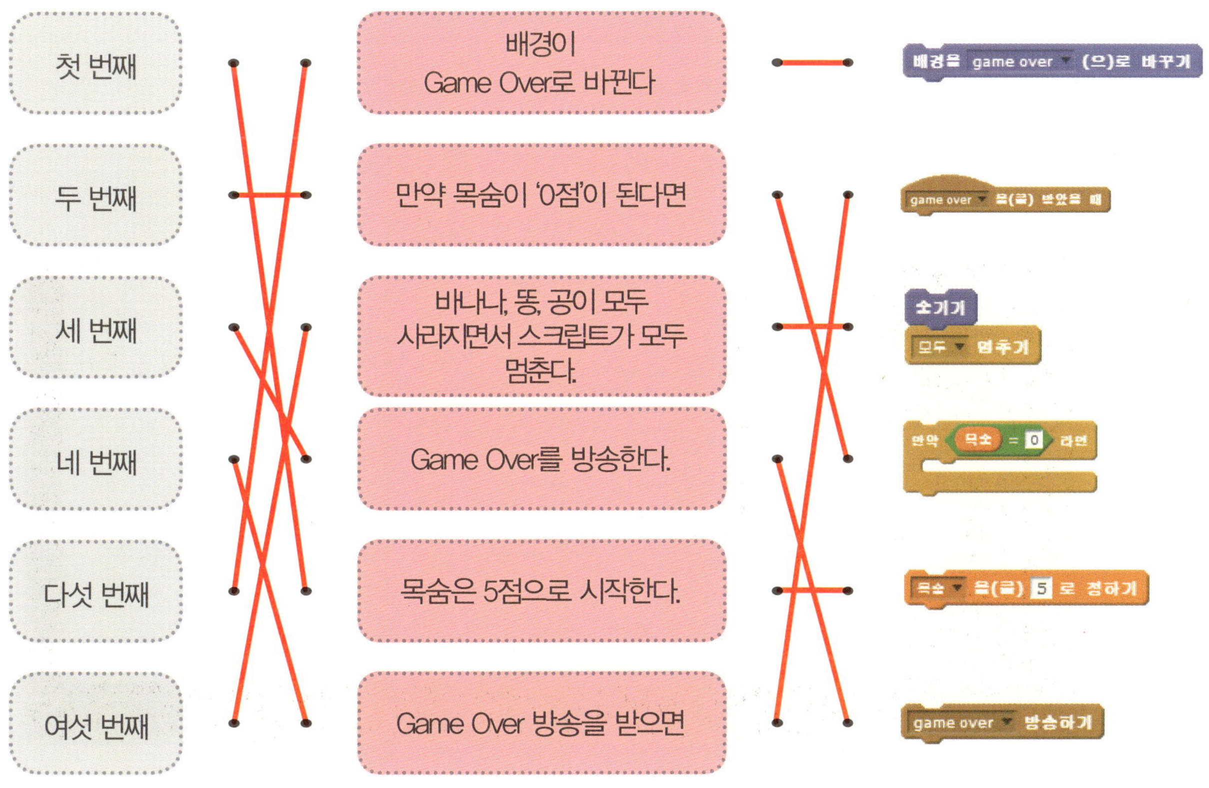

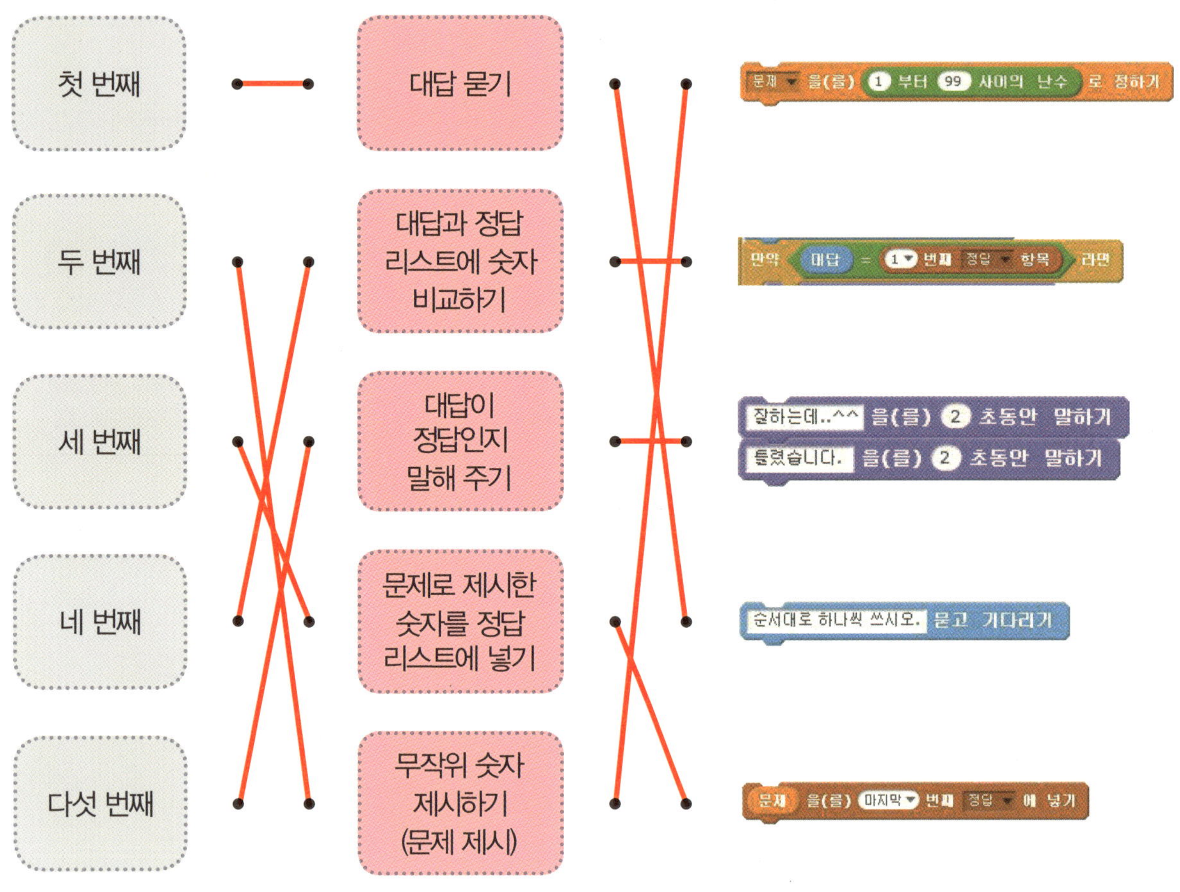

20단원 떠나요. 꿈씨월드로 본문 100쪽

① 꿈씨 프로그램 개요를 만들어 봅시다.

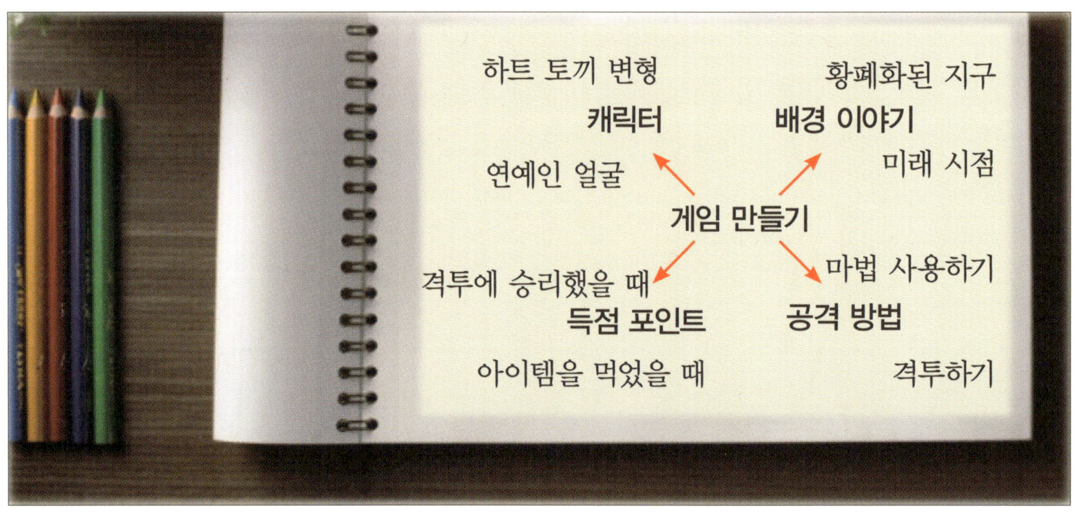

② 스프라이트와 필요한 준비물 아이디어를 떠올려 봅시다.

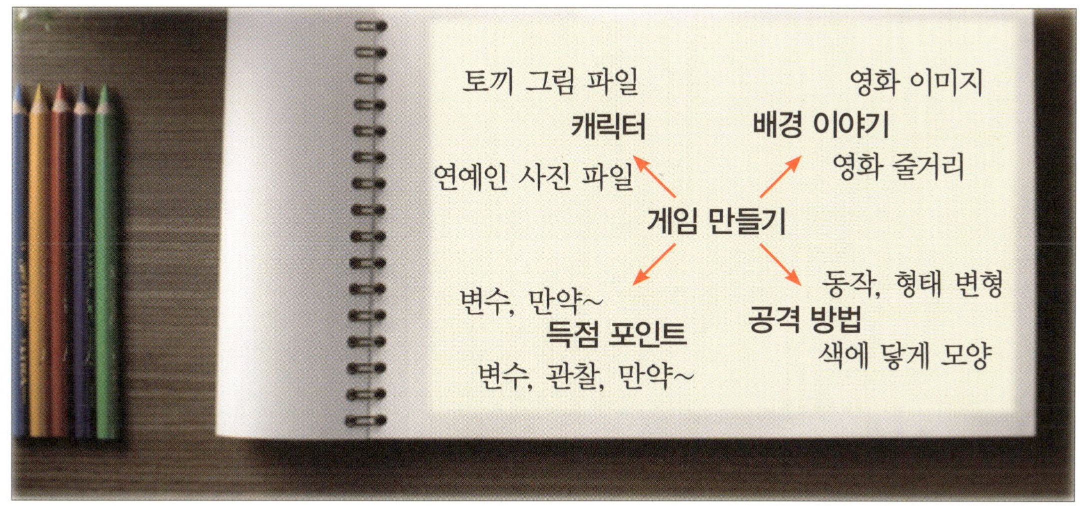

③ 프로그램 진행 순서를 요약해 글과 그림으로 나타내 봅시다.

우주선을 타고 온 알로베라스토. 황금

열쇠를 먹으면 다음 배경으로 넘어가기

비밀의 문 앞에 도착한 알로베라스토,

다음에 어떤 이야기가 펼쳐질까?

적들이 나오면 공격할 수 있게 만들기

우주 행성들이 빠르게 변형되고 있다.

적을 물리치고 아이템을 먹어 지구로

돌아가자.

드디어 집으로 돌아온 알로베라스토, 집에서

기다리고 있던 가족과 만나 행복하게 지낸다.

스크래치 마법 레시피 20의 학생용 소스 파일 내려 받는 방법

❶ 웹브라우저의 주소 부분에 성안당 홈페이지 주소 www.cyber.co.kr를 입력합니다.

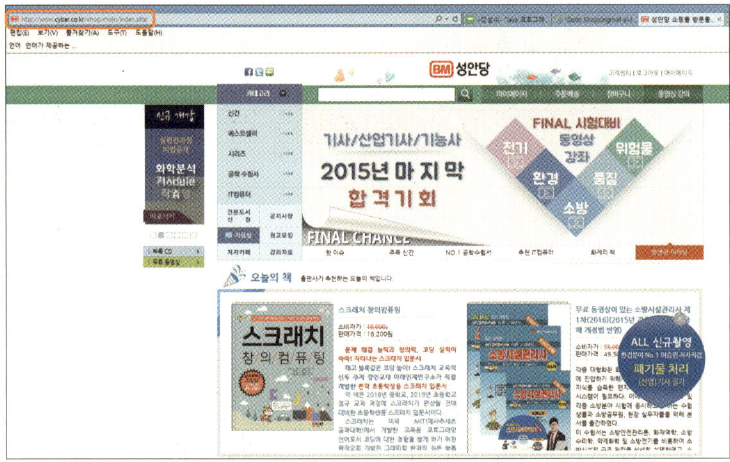

❷ [자료실] 버튼을 클릭합니다. 상단에 [자료실] 탭이 선택되었는지 확인합니다.

❸ 자료실 목록에서 [5383-3 스크래치 마법 레시피 20]의 자료 목록을 확인한 뒤 선택하면 자료 화면으로 이동합니다 이 글자 부분을 클릭하면 자료가 내려받아 집니다. 선생님은 [강의 자료실]에서 선생님용 파일을 내려받아 주세요.

부록 **2**
스크래치 카드(스티커)

1단원 스크래치, 넌 누구니?

본문 12쪽

개구리 흉내내기	(　)번 점프하기	표정 일그러뜨리기
3걸음 앞으로 가기	도리도리하기	뒤로 걷기
용 흉내내기	만세 부르기	고양이 흉내내기

개구리 흉내내기	(　)번 점프하기	표정 일그러뜨리기
3걸음 앞으로 가기	도리도리하기	뒤로 걷기
용 흉내내기	만세 부르기	고양이 흉내내기

부록 3
스크래치 카드

4단원 나를 따르라 본문 29쪽

한 번 하기
(~하기)

계속 하기

부록 ❸
스크래치 카드

4단원 나를 따르라   본문 29쪽

열 번 하기

○○할 때까지